DEN ITALIENSKE PROSCIUTO

100 deilige oppskrifter med den fineste italienske skinken

Leo Hansen

Copyright materiale ©2023

Alle rettigheter reservert

Ingen del av denne boken kan brukes eller overføres i noen form eller på noen måte uten riktig skriftlig samtykke fra utgiveren og opphavsrettseieren, bortsett fra korte sitater brukt i en anmeldelse. Denne boken bør ikke betraktes som en erstatning for medisinsk, juridisk eller annen profesjonell rådgivning.

INNHOLDSFORTEGNELSE

INNHOLDSFORTEGNELSE	**3**
INTRODUKSJON	**7**
FROKOST	**8**
1. Prosciutto-innpakket Mini Frittata-muffins	9
2. Grønnkål innpakket egg	11
3. Zucchini, prosciutto og parmesan	13
4. Spinat Egg Bites	16
5. Prosciutto og egg åpen sandwich	18
6. Bakte prosciutto eggekopper	20
FORRETTER OG BITER	**22**
7. Kamskjell og prosciutto biter	23
8. Prosciutto innpakket mozzarella baller	25
9. Innpakket plommer	27
10. Pasta pinwheel rolls med kremet tomatsaus	29
11. Velsmakende prosciutto pinwheels	32
12. Valnøtt, fiken og prosciutto Crostini	34
13. Salami og Brie Crostini	36
14. Proscuitto og Mozarella Bruschetta	38
15. Minty rekebiter	40
16. Pære, reddik Microgreen & Prosciutto Bite	42
17. Muffins prosciutto kopp	44
18. Avokado prosciutto baller	46
19. Prosciutto chips	48
20. Lavkarbo salat Wrap Sandwich	50
21. Prosciutto-innpakket zucchini-biter	52
22. Sushibolle med skinke og fersken	54

23. Parmaskinke-innpakket asparges — 56
24. Antipastofat med prosciutto og melon — 58
25. Grillede kantareller og prosciutto-innpakket fiken — 60

SANDWICH OG BURGERE — 62

26. Surdeig, Provolone, Pesto — 63
27. Seattle Chicken Sandwich — 65
28. Prosciutto og Taleggio med fiken på Mesclun — 67
29. Jordbær Basilikum Prosciutto grillet ost — 69
30. Mozzarella, Prosciutto og fikensyltetøy — 71
31. Bocadillo fra øya Ibiza — 73
32. Tomat- og mahonost på olivenbrød — 75
33. Cubanos — 77
34. Fiken og prosciutto smørbrød — 79

NETT — 81

35. Kiwifrukt og reker — 82
36. Prosciutto & Pesto Koteletter — 84
37. Balsamicoglasert kylling — 86
38. Basilikum Kylling — 89
39. Vaktel over grønnsaks- og skinkestrimler — 91
40. Kylling & Prosciutto med rosenkål — 93
41. Deilig kjøttbrød — 95
42. Andebryst prosciutto — 97
43. Kyllingbryst med prosciutto og salvie — 99
44. Kyllingpaillard med prosciutto og fiken — 101
45. Basilikum og prosciutto-innpakket kveite — 103
46. Herbed geitost og prosciutto reker — 105
47. Sautert såle med mangold og prosciutto — 107

PASTA — 109

48. Lasagne av vill og eksotisk sopp — 110

49. Basilikum og prosciutto-innpakket kveite 113

50. Kylling Alfredo Lasagne 115

51. Penne med vodkasaus 117

52. Sitronbasilikumpasta med rosenkål 119

53. Fettuccine al prosciutto 122

54. Fettucine pinjekjerner prosciutto & soltørkede tomater 124

55. Fettuccine med prosciutto og asparges 126

56. Fusilli med prosciutto og erter 128

57. Fusilli med shiitake, brokkoli rabe og prosciutto saus 130

58. Pappardelle med prosciutto og erter 132

59. Pasta med basilikum og prosciutto 134

60. Pastaruller fylt med prosciutto 136

61. Festpasta med prosciutto 139

62. Tortellini med erter og prosciutto 141

SALATER OG SIDER 143

63. Melon prosciutto salat 144

64. Ruccolasalat & østerssopp 146

65. Fiken-, skinke- og nektarinsalat i vinsirup 148

66. Stekt grønne bønner med prosciutto 150

67. Asparges innpakket prosciutto 152

68. Antipasto salat 154

69. Antipasto snackboks for to 156

70. Fiken og prosciutto salat 158

71. Grapefrukt, avokado og prosciutto frokostsalat 160

72. Stekt søtpotet og prosciutto salat 162

73. Grillet biff prosciutto salat 164

74. Artisjokkhjerter og prosciutto 167

75. Fennikel med sopp & prosciutto 169

76. Mango og prosciutto 172

77. Boconcini med grillet zucchinisalat og prosciutto	174

PIZZA 176

78. Proscuitto og ruccola pizza	177
79. Four Seasons Pizza/Quattro Stagioni	179
80. New Orleans Style Pizza	181
81. Artisjokk & Prosciutto Pita Pizza	183
a) Prosciutto og Ruccola Pizza	185
82. Høst butternut squash og eplepizza	187
83. Micro Leaves Pesto & Ruccola Pizza	189
84. Urtegrillet pizza med prosciutto	191
85. Fiken-og-prosciutto-pizza	193
86. Tunfiskpizza med caponata og prosciutto	195
87. Prosciutto-tomat pizza	197

DESSERT 199

88. Smøraktig croissantlag med prosciutto	200
89. Balsamicofersken og brieterte	202
64. Carnivore kake	204
95. Løk og prosciutto terte	206
96. Prosciutto oliven tomatbrød	208
97. Prosciutto-oransje popovers	210
98. Kandisert prosciutto	212
99. Mozzarella og prosciutto potetkake	214
100. Green Pea Panna Cotta Med Prosciutto	216

KONKLUSJON 219

INTRODUKSJON

100 deilige oppskrifter for den ultimate italienske skinken
Beskrivelse: Prosciutto Perfection Cookbook er din ultimate guide til å lage appetittvekkende retter med denne elskede italienske spekeskinken. Fra klassisk antipasti til velsmakende pasta, solide supper og dekadente desserter, denne kokeboken inneholder 100 enkle å følge oppskrifter som viser frem de rike, salte og litt søte smakene av prosciutto.

Enten du er en prosciutto-entusiast eller en nykommer til denne deilige ingrediensen, har denne kokeboken noe for enhver smak. Lær hvordan du lager hjemmelaget prosciutto, eller heve matlagingsspillet ditt med kreative oppskrifter som prosciutto-innpakket asparges, fiken- og prosciutto-pizza, eller prosciutto- og geitost-fylte kyllingbryst.

Hver oppskrift kommer med detaljerte instruksjoner, en liste over ingredienser og et fullfargebilde, slik at du kan se nøyaktig hvordan retten din skal se ut. Du vil også finne nyttige tips om å velge den beste prosciuttoen, oppbevare den og pare den med andre ingredienser for å lage den perfekte smaksprofilen.

Så hvorfor vente? Skaff deg en kopi av Prosciutto Perfection Cookbook og begynn å utforske den deilige verdenen av italiensk mat i dag!.

FROKOST

1. **Prosciutto-innpakket Mini Frittata-muffins**

INGREDIENSER:
- 4 ss fett
- ½ middels løk, finhakket
- 3 fedd hvitløk, finhakket
- ½ pund cremini-sopp, i tynne skiver
- ½ pund frossen spinat, tint og presset tørr
- 8 store egg
- ¼ kopp kokosmelk
- 2 ss kokosmel
- 1 kopp cherrytomater, halvert
- 5 gram Prosciutto di Parma
- Kosher salt
- Nykvernet pepper
- En vanlig 12 kopper muffinsform

BRUKSANVISNING:
a) Forvarm ovnen til 375°F.
b) Varm halvparten av kokosoljen over middels varme i en stor støpejernsgryte og surr løken til den er myk og gjennomsiktig
c) Tilsett hvitløk og sopp og stek dem til soppfuktigheten har fordampet. Krydre deretter fyllet med salt og pepper og hell det på en tallerken for å avkjøles til romtemperatur
d) For røren, pisk eggene i en stor bolle med kokosmelk, kokosmel, salt og pepper til de er godt blandet. Tilsett deretter sautert sopp og spinat og rør for å kombinere.
e) Pensle resten av den smeltede kokosoljen på muffinsformen og kledd hver kopp med prosciutto, pass på å dekke bunnen og sidene helt.
f) Sett muffinsene i ovnen i ca 20 minutter

2. Grønnkål innpakket egg

INGREDIENSER:
- Tre spiseskjeer tung krem
- Fire hardkokte egg
- ¼ teskje pepper
- Fire grønnkålblader
- Fire prosciutto-skiver
- ¼ teskje salt
- 1 ½ kopp vann

1. Skrell eggene og pakk hver med grønnkålen. Pakk dem inn i prosciuttoskivene og dryss over kvernet sort pepper og salt.
2. Plasser Instant Pot over en tørr plattform på kjøkkenet. Åpne topplokket og slå det på.
3. Hell vann i kjelen. Ordne en bordskinne eller steamer-kurv inni som fulgte med Instant Pot. Legg/arranger nå eggene over understellet/kurven.
4. Lukk lokket for å lage et låst kammer; sørg for at sikkerhetsventilen er i låst stilling.
5. Finn og trykk "MANUELL" kokefunksjon; timer til 5 minutter med standard "HIGH" trykkmodus.
6. La trykket bygges opp for å tilberede ingrediensene.
7. Etter at koketiden er over, trykk på "AVBRYT"-innstillingen. Finn og trykk på "QPR" kokefunksjon. Denne innstillingen er for rask utløsning av innvendig trykk.
8. Åpne lokket sakte, ta ut den kokte oppskriften i serveringsfat eller serveringsboller, og nyt keto-oppskriften.

3. Zucchini, prosciutto og parmesan

Gjør: 12

INGREDIENSER:
- 1 liten løk, finrevet
- 1 zucchini, revet
- 3 kopper vanlig mel
- 3 ts bakepulver
- 1 ts havsalt
- ½ kopp revet parmesan
- 4 egg
- 2½ kopper melk
- 200g usaltet smør, smeltet og avkjølt

Søt tomatsaus
- 1 ss olivenolje
- 1 liten løk hakket
- 1 liten rød chili, hakket
- 2 ss tomatpuré
- 420g boks hakkede tomater
- 1 ss brunt sukker
- Server med prosciutto, tomatsaus og cherrytomater

BRUKSANVISNING:

a) For å lage sausen, varm olje i middels panne over middels høy varme. Tilsett løk og chili og stek i 2–3 minutter eller til de er myke. Tilsett tomatpuré og kok i ytterligere 1 minutt.

b) Rør inn hermetiske tomater, brunt sukker og 1 kopp vann. Kok opp, reduser varmen til lav og la det småkoke i 15 minutter eller til det er tykt; holde varm.

c) For å lage vaflene, legg løk, zucchini, mel, bakepulver, salt og parmesan i en stor miksebolle; Bland godt.

d) Pisk egg, melk, smør sammen i en stor mugge og vend sammen squash- og melblandingen.

e) Velg CLASSIC vaffelinnstilling og ring nummer 6 på bruningskontrollhjulet.

f) Forvarm til oransje lys blinker og ordene HEATING forsvinner.

g) Bruk en vaffeldoseringsbeger og hell ½ kopp røre i hver vaffelfirkant. Lukk lokket og kok til timeren er ferdig og klar pipetone har hørt 3 ganger. Gjenta med gjenværende røre.

h) Server lune vafler toppet med tomatsaus, prosciutto og friske cherrytomater.

4. Spinat Egg Bites

INGREDIENSER:
- Egg - 4
- Parmesanost, revet - 3/4 kopp
- Kraftig kremfløte - 1/4 kopp
- Spinat, hakket - 1/4 kopp
- Prosciutto, hakket - 1/2 unse
- Malt svart pepper - 1/2 ts
- Salt - 1/8 teskje
- Vann - 1 ½ kopp

a) Ta en eggebitformsbrett med syv kopper og fyll koppene jevnt med prosciutto og spinat.
b) Knekk egg i en bolle, tilsett de resterende ingrediensene bortsett fra vann og visp til det er jevnt.
c) Slå på instant-gryten, hell i vann og sett understellstativet i den.
d) Hell eggeblandingen jevnt over spinat og prosciutto, 4 ss per kopp eller mer til 3/4-del er fylt, og dekk deretter pannen med aluminiumsfolie.
e) Plasser pannen på understellstativet, lukk hurtiggryten med lokket i forseglet posisjon, trykk deretter på 'manuell'-knappen, trykk på '+/-' for å stille inn koketiden til 10 minutter og stek på høytrykksinnstilling; når trykket øker i gryten, starter koketimeren. Når kjelen surrer, trykk på "hold varm"-knappen, slipp trykket naturlig i 10 minutter, foreta deretter en rask trykkutløser og åpne lokket.
f) Ta ut brettet, avdekk det og vend pannen over på en tallerken for å ta ut eggebitene.
g) Server med en gang.

5. Prosciutto og egg åpen sandwich

Gjør: 4

INGREDIENSER:
- 8 skiver Roma tomater
- 4 skiver tykt brød
- 4 egg
- 1/2 kopp ruccola
- 4 skiver Prosciutto di Parma
- Ekstra virgin olivenolje, etter behov
- Knekket pepper og havsalt, etter smak

BRUKSANVISNING:
a) Forvarm ovnen til 400°F.
b) Legg tomatene på en liten bakeplate og stek til de er så vidt møre, 10 minutter.
c) Reduser ovnstemperaturen til 350 °F. Ordne brød på en annen bakeplate; pensle med 1 ss olje og dryss over salt og pepper etter smak. Sett i ovnen og rist til de er gyldne, ca 5 minutter.
d) I mellomtiden, varm 2 ss olje i en stor panne og stek egg med solsiden opp, eller etter ønske.
e) For å sette sammen sandwichen, legg en skive toast på hver av 4 tallerkener. Topp hver med 1/4 av ruccolaen, 2 tomatskiver, et stekt egg og en skive prosciutto. Avslutt med knust pepper og havsalt etter smak.

6. Bakte prosciutto eggekopper

Gjør: 12

INGREDIENSER:
- 1 ss olivenolje
- 12 skiver prosciutto
- 12 store egg
- 2 kopper babyspinat
- salt og pepper

BRUKSANVISNING:
a) Forvarm ovnen til 400 grader.
b) Pensle olivenolje i hvert rom i muffinsformen. Plasser en skive prosciutto inne i hvert rom, trykk for å sikre at sidene og bunnen er helt foret (det kan hende du må rive prosciuttoen i flere biter for lettere å få en koppform).
c) Legg 2-3 babyspinatblader i hver kopp og topp med et egg. Dryss over salt og pepper etter smak.
d) Stek i 12 minutter for en eggeplomme som er litt syltete, eller opptil 15 minutter for en hardere eggeplomme.

FORRETTER OG BITTER

7. Kamskjell og prosciutto biter

Gjør: 8

INGREDIENSER:
- ½ kopp i tynne skiver prosciutto
- 3 ss kremost
- 1 pund kamskjell
- 3 ss olivenolje
- 3 hakkede hvitløksfedd
- 3 ss parmesanost
- Salt og pepper etter smak – forsiktig, for prosciuttoen blir salt

BRUKSANVISNING:
a) Påfør et lite lag med kremost på hver prosciutto-skive.
b) Pakk deretter en skive prosciutto rundt hvert kamskjell og fest med en tannpirker.
c) Varm opp olivenolje i en panne.
d) Stek hvitløken i 2 minutter i en panne.
e) Tilsett kamskjellene pakket inn i folie og stek i 2 minutter på hver side.
f) Fordel parmesanost på toppen.
g) Tilsett salt og pepper etter smak om ønskelig.
h) Vri ut overflødig væske med et papirhåndkle.

8. Prosciutto innpakket mozzarella baller

Gjør: 4

INGREDIENSER:
- 8 mozzarellakuler, kirsebærstørrelse
- 4 gram bacon, i skiver
- ¼ teskje malt svart pepper
- ¾ teskje tørket rosmarin
- 1 ts smør (⅛ sunt fett)

BRUKSANVISNING:
a) Dryss det skivede baconet med malt svart pepper og tørket rosmarin.
b) Pakk hver mozzarellakule inn i skivet bacon og fest dem med tannpirkere.
c) Smelt smør.
d) Pensle innpakket mozzarellakuler med smør.
e) Kle bakeplaten med bakepapir og legg mozzarellakuler i den.
f) Stek måltidet i 10 minutter ved 365F.

9. **Innpakket plommer**

Gjør: 8

INGREDIENSER:
- 2 gram prosciutto, kuttet i 16 stykker (2 magre)
- 4 plommer, delt i kvarte (1 mager)
- 1 ss gressløk, hakket (1/4 grønn)
- En klype røde pepperflak, knust (1/4 krydder)

BRUKSANVISNING:
a) Pakk hver plommekvart inn i en prosciuttoskive, legg alle sammen på et fat, dryss gressløk og pepperflak over og server.

10. Pasta-pinwheel-ruller med kremet tomatsaus

Gir: 8 porsjoner

INGREDIENSER:
- 2 Pasta; fersk 9 x 12
- 6 gram Prosciuttos; tynne skiver
- 1 pund spinat; bare blader, damp
- 4 gram Ricotta ost
- 2 gram mozzarellaost
- 4 ss Reggiano parmesanost
- Salt
- Pepper
- Muskat
- Kremet tomatsaus
- 35 gram plommetomat; drenert
- 3 ss søtt smør
- 2 Med løk; finhakket
- 1 kopp tørr hvitvin
- 2 kopper kyllingkraft
- 1 kopp Tung krem

BRUKSANVISNING:
a) Kok opp en stor kjele med saltet vann. Ha pasta i og kok i ca 2 minutter.
b) Fjern arkene fra vannet og skyll av - håndtaket forsiktig - legg deretter på ark med plastfolie. Tørk toppen av laken m/papirhåndkle og dekk pastaen m/prosciuttos i 1 lag.
c) Fordel spinat/ostblandingen over prosciuttos og rull sammen med 6"-siden.
d) Bruk plastfolien til å hjelpe deg med å rulle den tett og pakk deretter rullen inn i plastfolien og avkjøl til du er klar til bruk.

SAUS:
e) Smelt smør i en stor panne og fres løken til den begynner å bli brun.
f) Tilsett vin i pannen, kok opp blandingen og reduser væsken til omtrent ¼ kopp.
g) Tilsett kyllingkraft og la blandingen få et oppkok.
h) Reduser denne blandingen til det er omtrent ½ kopp. Klem de drenerte tomatene gjennom fingrene for å bryte dem opp og legg dem til de reduserte væskene i pannen, kok opp og reduser til lav varme og la det småkoke i ca. 30 minutter, følg nøye med og rør ofte.
i) Tilsett tung fløte, fortsett å koke sakte i 10 minutter.
j) Smak til, juster krydder med salt og pepper.

MONTERING:
k) Fjern pastarullene fra plastfolien og legg i pannen med sausen.
l) Når den er oppvarmet, skjærer du av hver ende av rullen for å gjøre den jevn.
m) Skjær deretter rullen i 3 like biter.
n) For å servere, legg saus på bunnen av tallerkenen og legg 2 eller 3 stk pastarull på hver tallerken, med hjulsiden opp.

o) Dryss m/revet ost om du liker det &nyt.

11. Velsmakende prosciutto-hjul

Gir: 24 porsjoner

INGREDIENSER:
- 2 ts Frossen butterdeig
- ½ pounds Tynne skiver prosciutto; delt
- 3 gram fersk revet parmesanost; delt
- 1 krukke Søt varm sennep - (4 oz); delt
- 1 egg; slått med
- 2 ss vann

BRUKSANVISNING:
a) Tin butterdeig i romtemperatur i 20 til 30 minutter. Lett mel bord og rull ut ett ark med bakverk til ca 12 x 15 tommer. Smør kakepapiret med halvparten av sennep. Topp med halvparten av prosciutto, ordnet i enkeltlag. Dryss prosciutto med halvparten av parmesanosten. Trykk osten ned med fingrene eller en slikkepott. Rull deigen til en spiral.
b) Pensle kantene med litt vann og trykk for å forsegle. Bruk en tagget kniv og skjær rullen i en-tommers pinwheels. Plasser nålehjul på en bakeplate og komprimer dem med bunnen av et glass eller baksiden av en slikkepott.
c) Gjenta for det andre arket med butterdeig, og avkjøl deretter hjulene i 15 minutter. Pensle hjulene med eggvask og stek i en forvarmet ovn på 400 grader i ti minutter. Snu og stek ytterligere fem til ti minutter eller til de er gyldenbrune.

12. Valnøtt, fiken og prosciutto Crostini

Gjør ca: 12

INGREDIENSER:
- 1 brød ciabattabrød, skåret ½ tomme tykke
- Ekstra virgin olivenolje
- 12 skiver prosciutto
- ¼ kopp ristede valnøtter, hakket
- Ekstra virgin olivenolje
- 6 modne fiken, revet i to
- 1 haug fersk persille
- 1 hvitløksfedd, i skiver
- Nykvernet sort pepper
- 6 ss balsamicoeddik

BRUKSANVISNING:
a) Forvarm en grillpanne og grill ciabattaskivene dine.
b) Gni forsiktig den kuttede siden av hvitløken på ciabattaen.
c) Drypp over ekstra virgin olivenolje.
d) Legg et stykke prosciutto og en fikenhalvdel på toppen av hver av dine varme crostini.
e) Topp med persille og valnøtter, og drypp over mer ekstra virgin olivenolje.
f) Tilsett en dæsj balsamicoeddik, og smak til med nykvernet sort pepper før servering.

13. Salami og Brie Crostini

Gir: 4 til 6 porsjoner

INGREDIENSER:
- 1 fransk baguette, skåret i 4-6 tykke biter
- 8-unse runde Brie ost, tynne skiver
- 4-unse pakke med Prosciutto
- ½ kopp tranebærsaus
- ¼ kopp olivenolje
- Frisk Mint

BALSAMISK GLASUR:
- 2 ss brunt sukker
- ¼ kopp balsamicoeddik

BRUKSANVISNING:
BALSAMISK GLASUR:
a) Tilsett brunt sukker og en kopp balsamicoeddik i en kjele over svak varme.
b) La småkoke til eddiken har tyknet.
c) Ta glasuren av varmen og la den avkjøles. Den vil tykne når den avkjøles.

Å SETTE SAMMEN:
d) Pensle baguetten lett med olivenolje og rist i ovnen i 8 minutter.
e) Fordel brien på brødet.
f) Legg en liberal teskje tranebærsaus og prosciutto på toppen.
g) Topp med en skvett av balsamicoglasuren etterfulgt av mynteblader.
h) Server med en gang.

14. **Proscuitto og Mozarella Bruschetta**

Gir: 3 porsjoner

INGREDIENSER:
- ½ kopp finhakkede tomater
- 3 oz hakket mozzarella
- 3 prosciutto skiver, hakket
- 1 ss olivenolje
- 1 ts tørket basilikum
- 6 små skiver franskbrød

BRUKSANVISNING:
a) Forvarm airfryeren til 350 grader F. Legg brødskivene og rist i 3 minutter. Topp brødet med tomater, prosciutto og mozzarella. Dryss basilikum over mozzarellaen. Drypp med olivenolje.
b) Gå tilbake til luftfrityren og stek i 1 minutt til, nok til å bli smeltende og varm.

15. Minty rekebiter

Gjør: 16

INGREDIENSER:
- 2 ss olivenolje
- 10 gram reker, kokte
- 1 ss mynte, hakket
- 2 ss erytritol
- ⅓ kopp bjørnebær, malt
- 2 ts karripulver
- 11 prosciutto skiver
- ⅓ kopp grønnsakskraft

BRUKSANVISNING:
a) Drypp olje over hver reke etter å ha pakket den inn i prosciutto-skiver.
b) Kombiner bjørnebær, karri, mynte, kraft og erytritol i instant-gryten, rør og kok i 2 minutter på lav varme.
c) Legg steamer-kurven og innpakket reker i gryten, dekk til og stek i 2 minutter på høy temperatur.
d) Legg innpakkede reker på en tallerken og drypp med myntesaus før servering.

16. Pære, reddik mikrogrønn og prosciutto bite

Gjør: 18 biter

INGREDIENSER:
- 8 gram myk geitost
- 6 gram prosciutto, kuttet i strimler
- 2-unse pakke med reddikmikrogrønt
- ¼ kopp ferskpresset sitronsaft
- 2 pærer, i skiver

BRUKSANVISNING:
a) Drypp sitronsaft over hver pæreskive.
b) På den ene halvdelen av pæreskiven fordeler du ¼ ts myk geitost, og bytter deretter ingrediensene med den andre halvdelen.
c) Fordel en annen ¼ ts myk geitost på toppen av den øverste pæreskiven, etterfulgt av en brettet stripe prosciutto og en klatt myk geitost, deretter reddikmikrogrønne.
d) Sett sammen de resterende pæreskivene og server med mer reddikmikrogrønt på toppen.

17. **Muffins prosciutto kopp**

INGREDIENSER:
- 1 skive prosciutto (ca. 1/2 unse)
- 1 middels eggeplomme
- 3 ss brie i terninger
- 2 ss mozzarellaost i terninger
- 3 ss revet parmesanost

BRUKSANVISNING:

a) Forvarm ovnen til 350°F. Ta ut en muffinsform med brønner ca 2 1/2"bred og 1 1/2"dyp.

b) Brett prosciuttoskiven i to så den blir nesten firkantet. Legg den i muffinsformen godt for å kle den helt.

c) Legg eggeplomme i prosciutto-koppen.

d) Legg oster på toppen av eggeplommen forsiktig uten å knekke den.

e) Stek ca 12 minutter til eggeplommen er kokt og varm, men fortsatt rennende.

f) La avkjøles i 10 minutter før du tar den ut av muffinsformen.

18. Avokado prosciutto baller

INGREDIENSER:
- 1/2 kopp macadamianøtter
- 1/2 stor avokado, skrellet og uthulet (ca. 4 gram fruktkjøtt)
- 1 unse kokt prosciutto, smuldret
- 1/4 ts sort pepper

BRUKSANVISNING:
a) Puls macadamianøtter i en liten foodprosessor til de er smuldret jevnt. Del i to.
b) Kombiner avokado, halvparten av macadamianøttene, prosciutto-smulder og pepper i en liten bolle og bland godt med en gaffel.
c) Form blandingen til 6 kuler.
d) Plasser gjenværende smuldrede macadamianøtter på en middels tallerken og rull individuelle kuler gjennom for å dekke jevnt.
e) Server umiddelbart.

19. Prosciutto chips

INGREDIENSER
- 12 (1 unse) skiver prosciutto
- Olje

BRUKSANVISNING:

a) Forvarm ovnen til 350°F.

b) Kle en stekeplate med bakepapir og legg prosciuttoskiver i ett lag. Stek i 12 minutter eller til prosciutto er sprø.

c) La avkjøles helt før du spiser.

20. Lavkarbo salat Wrap Sandwich

Gjør: 1 PERSON

INGREDIENSER:
- 8 isbergsalat
- 1 ss hjemmelaget majones
- 1 ts gul sennep
- 3 prosciutto skiver
- 2 skiver økologisk skinke
- 3 skiver økologisk kyllingbryst
- 5 skiver agurk
- 8 cherrytomater delt i to
- 1 stykke bakepapir

BRUKSANVISNING:
a) Legg bakepapiret på et skjærebrett. Legg 5 til 8 salatblader i midten av bakepapir, og sidene av salatbladene skal ligge oppå hverandre uten mellomrom mellom salatene. Legg toppingen lagvis ved å smøre først sennep og majones.
b) overhead view av salat wrap på en treplate
c) Tilsett deretter prosciutto og skivene av delikatessekjøtt (skinke og kyllingbryst), skiver av agurk og cherrytomater.
d) ovenfra av salatwrap med delikatessekjøtt på en treplate
e) Rull salatwrapene ved å bruke pergamentet som bunn. Rull salatomslaget så stramt som mulig.
f) ovenfra av salatwrap med delikatessekjøtt, agurk og cherrytomater på et trebrett
g) Halvveis i rullingen, brett kantene på wraps mot midten, og fortsett å rulle som en burrito. Når den er helt pakket, rull resten av pergamentet rundt salaten.
h) ovenfra av salatwrap med delikatessekjøtt på en treplate som pakkes inn
i) Bruk en kniv, skjær salatwrap i skiver og nyt!
j) nærbilde av en salat wrap sandwich

21. Prosciutto-innpakket zucchini biter

GJER: 18 TIL 20 RULLER

INGREDIENSER:

- 4 små eller 2 mellomstore zucchini, skåret på langs i veldig tynne bånd
- 1 ss ekstra virgin olivenolje
- Kosher salt og nykvernet pepper
- 6 gram geitost
- 1 ss fersk timian, pluss mer til servering
- 2 ts honning, pluss mer til servering
- Skal av ½ sitron
- ¼ kopp soltørkede tomater pakket i olje, drenert og hakket
- ¼ kopp friske basilikumblader, hakket
- 10 tynne skiver prosciutto, delt i to på langs

BRUKSANVISNING:

a) Forvarm ovnen til 425°F. Kle en bakeplate med rander med bakepapir.

b) I en stor bolle, sleng squashbåndene med olivenolje og en klype salt og pepper.

c) I en liten bolle, rør sammen geitost, timian, honning, sitronskall, soltørkede tomater, basilikum og en klype salt og pepper.

d) Arbeid med en om gangen, legg ut et zucchinibånd på en ren arbeidsflate. Hell 1 ss av osteblandingen i den ene enden og rull sammen båndet. Pakk et stykke prosciutto rundt squashen for å sikre. Legg rullene med sømsiden ned på den tilberedte bakeplaten. Gjenta med de resterende zucchinibåndene.

e) Stek til prosciuttoen er sprø, 20 til 25 minutter. Rundstykkene kommer til å ose litt; dette er bra. La dem stå på bakepapiret i 6 minutter før du serverer dem drysset med frisk timian og drysset med honning.

22. Sushiskål med skinke og fersken

INGREDIENSER:
- 2 kopper tilberedt (400 g) tradisjonell sushi-ris eller rask og enkel mikrobølgesushi-ris
- 1 stor fersken, frøsådd og kuttet i 12 skiver
- ½ kopp (125 ml) Sushi-risdressing
- ½ ts hvitløk chilisaus
- Skvett mørk sesamolje
- 4 oz. (125 g) prosciutto, kuttet i tynne strimler
- 1 haug brønnkarse, tykke stilker fjernet

BRUKSANVISNING:
a) Forbered Sushi Rice og ekstra Sushi Rice Dressing.
b) Legg ferskenskivene i en middels bolle. Tilsett Sushi Rice Dressing, hvitløk chilisaus og mørk sesamolje. Gi ferskenene et godt sleng i marinaden, før de dekkes. La ferskenene stivne i romtemperatur i marinaden i minst 30 minutter og opptil 1 time.
c) Samle 4 små serveringsskåler. Fukt fingertuppene før du legger ½ kopp (100 g) tilberedt sushiris i hver bolle. Flat overflaten av risen forsiktig. Del påleggene jevnt i et attraktivt mønster over toppen av hver bolle, slik at 3 ferskenskiver per porsjon. (Du kan renne mesteparten av væsken fra ferskenene før du topper bollene, men ikke tørk dem.)
d) Server med en gaffel og soyasaus til dipping om ønskelig.

23. Parmaskinke-innpakket asparges

Gjør: 2

INGREDIENSER:
- 8 aspargesspyd
- 8 skiver parmaskinke
- 2 ss olivenolje
- 2 ss parmesan, revet

BRUKSANVISNING:
a) Forvarm vedovnen til middels høy temperatur.
b) Blancher aspargesspydene i en kjele ved å legge dem i lettkokende vann i to minutter, fjern dem og legg dem i isvann eller under kaldt rennende vann.
c) Plasser Grizzler i vedovnen for å varme opp etter å ha tilsatt olivenolje.
d) Pakk kanten av parmaskinken rundt aspargesspydet, rull det slik at det omslutter spydet helt i skinken.
e) Ta Grizzleren ut av ovnen og plasser den innpakkede aspargesen.
f) Dryss parmesan over aspargesen og sett Grizzleren tilbake i ovnen.
g) Grill i to minutter på hver side, eller til grillmerker dukker opp på begge sider.

24. Antipasto tallerken med prosciutto og melon

Gir: 12 porsjoner

INGREDIENSER:
- 8 gram Tynne skiver prosciutto
- Salatblader
- 2 kopper melonkuler eller terninger
- 1 kopp fersk ananas terninger
- ¼ kopp skivede mandler, ristet
- 2 ss olivenolje
- 2 ss hvit balsamicoeddik
- 2 ss smuldret blåmuggost

a) Rull sammen hver prosciutto-skive og legg på et stort salatkledd serveringsfat.
b) Plasser frukt og nøtter rundt prosciutto.
c) Kombiner olivenolje og balsamicoeddik og drypp blandingen over det hele.
d) Dryss over blåmuggost.

25. Grillede kantareller og prosciutto-innpakket fiken

Gir: 4 porsjoner

INGREDIENSER:
4 gram Prosciutto di Parma i tynne skiver
½ kopp ekstra virgin olivenolje
3 ss balsamicoeddik
½ ts salt
¼ teskje pepper
10 Modne men faste Black Mission fiken trimmet, halvert på langs
4 gram kantarellsopp tørkes ren
8 kopper ruccolablader løst pakket
¼ kopp blandede spiselige blomster (opt.)

1. Bruk en liten skarp kniv, skjær tjue 3 x 1-tommers strimler fra prosciuttoen. Skjær den gjenværende prosciuttoen i 1-x-tommers strimler.
2. I en liten bolle, visp sammen olivenolje, balsamicoeddik, salt og pepper. Ta vare på en kopp dressing og sett til side. Hell den gjenværende vinaigretten i en middels ikke-reaktiv bolle. Tilsett fikenhalvdelene og soppen og vend forsiktig. La marinere i 30 minutter.
3. Tenn en grill eller forvarm slaktekyllingen. Ta fikenhalvdelene ut av marinaden en om gangen og pakk hver for seg inn i de store strimlene med prosciutto. Vekslende med soppen, tre 5 av de innpakket fikenhalvdelene på hver av fire 10-tommers lange trespyd.
Grill eller stek i ca 1 minutt på hver side til de er lett brune.
Overfør til en tallerken.
4. I en stor salatskål, sleng ruccolaen med den reserverte dressingen.
Fordel mellom 4 store salattallerkener. Ordne prosciutto-innpakket fiken og sopp fra 1 grillspyd på hver salat. Pynt med spiselig blomst og de resterende små lappene av prosciutto. Server umiddelbart.

SANDWICH OG BURGERE

26. Surdeig, Provolone, Pesto

Gjør: 16

INGREDIENSER:
- 1/2 kopp Extra Virgin Olivenolje
- 8 skiver surdeigsbrød
- 1/4 kopp pesto
- 16 tynne skiver Provolone ost
- 12 tynne skiver prosciutto
- 4 hele, ristede røde paprika, finhakket

BRUKSANVISNING:
a) Varm opp Panini-grillen i henhold til instruksjonene fra produsenten.
b) Fordel pesto over hver halvdel av brødet før du legger ½ ost, prosciutto, pepperstrimler og den resterende osten over den nedre halvdelen, og lukker den for å lage en sandwich.
c) Ha litt smør på toppen og stek denne Panini i den forvarmede grillen i ca 4 minutter eller til utsiden er gyllenbrun.

27. Seattle Chicken Sandwich

Gjør: 6

INGREDIENSER:
- 6 skiver italiensk brød
- 1/3 kopp basilikumpesto
- 3 oz. skivet prosciutto, valgfritt
- 1 (14 oz.) bokser artisjokkhjerter, drenert og skåret i skiver
- 1 (7 oz.) glass stekt rød paprika, drenert og kuttet i strimler
- 12 oz. kokt kylling, kuttet i strimler
- 4-6 oz. revet provolone ost

BRUKSANVISNING:
a) Før du gjør noe, forvarm ovnen til 450 F.
b) Dekk den ene siden av hver brødskive med pesto.
c) Anrett prosciuttoskivene etterfulgt av artisjokkskiver, røde pepperstrimler og kyllingstrimler over brødskivene.
d) Legg 6 stykker folie over et skjærebrett. Plasser hvert smørbrød forsiktig i et stykke folie og pakk det deretter rundt det.
e) Legg dem i en bakeplate og stek dem i ovnen i 9 min.
f) Kast foliebitene og legg smørbrødet tilbake på brettet.
g) Dryss revet ost over dem. Stek smørbrødene i ovnen i 4 min ekstra.
h) Server smørbrødet varmt med favorittpålegget ditt.
i) Nyt.

28. **Prosciutto og Taleggio med fiken på Mesclun**

Gjør at: 4

INGREDIENSER:
- 8 veldig tynne skiver surdeigsbrød eller baguette
- 3 ss ekstra virgin olivenolje, delt
- 3-4 gram prosciutto, kuttet i 8 skiver
- 8 gram moden Taleggio-ost, skåret i åtte ¼-tommers tykke biter
- 4 store håndfuller salat vårblanding (mesclun)
- 2 ss hakket fersk gressløk
- 2 ss hakket fersk kjørvel
- 1 ss fersk sitronsaft Salt
- Svart pepper
- 6 modne svarte fiken i kvarte
- 1-2 ts balsamicoeddik

BRUKSANVISNING:
a)   Pensle brødet lett med en liten mengde olivenolje og legg på et bakepapir. 2 Forvarm ovnen til 400°F. Plasser brødet på høyeste rille og stek i ca 5 minutter, eller til de akkurat begynner å bli sprø. Fjern og la avkjøles, ca 10 minutter.
b)   Når den er avkjølt, vikler du prosciutto-skivene rundt Taleggio-skivene og setter hver på et stykke brød. Sett av et øyeblikk mens du forbereder salaten.
c)   Bland grønnsakene med ca. 1 ss olivenolje, gressløk og kjørvel, og bland deretter med sitronsaft, salt og pepper etter smak. Anrett på 4 tallerkener og pynt med fikenkvartene.
d)   Pensle toppen av de prosciutto-pakkede pakkene med den gjenværende olivenoljen, legg deretter i en stor ildfast panne og stek i 5 til 7 minutter, eller til osten begynner å sive ut og prosciuttoen er sprø rundt kantene.
e)   Fjern raskt pakkene og legg på hver salat, rist deretter balsamicoeddiken i den varme pannen. Snurr slik at den blir varm, og hell den over salatene og toastene. Server med en gang.

29. Jordbær basilikum prosciutto grillet ost

INGREDIENSER:

- 12 oz. Frisk mozzarella i skiver
- 8 skiver hvitt brød, kuttet tykt
- 2 ss myknet smør
- 8 friske jordbær (middels til store), skåret i tynne skiver
- 12 friske basilikumblader, hele
- 8 skiver prosciutto, tynt kuttet
- 2 oz. balsamico glasur

BRUKSANVISNING:

a) Legg ut brødskiver og smør på en side av hver.

b) Legg fersk mozzarella, jordbær, basilikumblader og prosciutto i lag på den usmørte siden. Drypp med balsamicoglasur; legg gjenværende brød på toppen og overfør til en forvarmet nonstick-panne.

c) Kok i omtrent ett minutt, trykk ned med en slikkepott. Vend og gjenta til den er gyldenbrun.

d) Fjern, drypp med ekstra balsamicoglasur over toppen hvis ønskelig, skjær og server.

30. **Mozzarella, Prosciutto og fikensyltetøy**

Gjør at:4

INGREDIENSER:
- 4 myke franske eller italienske rundstykker (eller halvbakte hvis tilgjengelig)
- 10–12 gram fersk mozzarella, tykke skiver
- 8 gram prosciutto, i tynne skiver
- ¼-½ kopp fikensyltetøy eller fikenkonserver etter smak
- Mykt smør til smøring på brød

BRUKSANVISNING:
a)   Del hver rull, og lag med mozzarella og prosciutto. Fordel de øverste skivene med fikensyltetøyet, og lukk deretter.
b)   Smør lett utsiden av hver sandwich.
c)   Varm opp en tung nonstick-gryte eller paninipresse over middels høy varme. Legg smørbrødene i pannen, arbeid i to omganger avhengig av størrelsen på pannen.
d)   trykksmørbrødeller lukk grillen og brun, snu en eller to ganger, til brødet er sprøtt og osten har smeltet. Selv om rundstykkene starter som runde, er de en gang presset betydelig flatere og kan enkelt snus, om enn forsiktig.

31. Bocadillofraøya Ibiza

Gjør: 4

INGREDIENSER:
- 4 store myke, flate rundstykker i fransk eller italiensk stil
- 6–8 fedd hvitløk, halvert
- 4–6 ss ekstra virgin olivenolje
- 1 ss tomatpuré
- 2–3 store modne tomater, i tynne skiver
- Sjenerøst dryss tørket oregano
- 8 tynne skiver spansk syltetøy eller lignende skinke som prosciutto
- Omtrent 10 gram mild og smeltende, men likevel smakfull ost, som Manchego, Idiazábal, Mahon eller en California-ost som Ig Vellas semi secco eller Jack
- Blandede middelhavsoliven

BRUKSANVISNING:
a) Forvarm broileren.
b) Skjær opp rullene og rist lett på hver side under broileren.
c) Gni hvitløken på snittsiden av hvert brød.
d) Drypp det hvitløksgnidde brødet med olivenolje og pensle utsidene med litt mer av oljen. Smør lett med tomatpuré, og legg deretter de skivede tomatene og saften deres på rundstykkene, press inn tomatpureen og tomatene slik at saften trekkes inn i brødet.
e) Dryss over smuldret oregano, og legg deretter lagvis med skinke og ost. Lukk opp og press godt sammen, og pensle deretter lett med olivenolje.
f) Varm en tung nonstick-panne eller paninipresse over middels høy varme, og tilsett deretter smørbrødene. Hvis du bruker en panne, vektsmørbrød ned.
g) Senk varmen til middels lav og stek til den er lett sprø på utsiden og osten begynner å smelte. Vend og brun på den andre siden.
h) Skjær i to, og server umiddelbart, med en håndfull blandede oliven ved siden av.

32. Tomat og mahonost på olivenbrød

GJØR 4

INGREDIENSER:
- 10—12 friske, små salvieblader
- 3 ss usaltet smør
- 1 ss ekstra virgin olivenolje
- 8 skiver landbrød
- 4 gram prosciutto, i tynne skiver
- 10–12 unser fjellost med full smak som fontina, lagret Beaufort eller Emmentaler
- 2 fedd hvitløk, hakket

BRUKSANVISNING:
a) Rør salviebladene, smøret og olivenoljen sammen på middels lav varme til smøret smelter og skummer i en tung nonstick-gryte.

b) I mellomtiden legger du ut 4 brødskiver, topp med prosciutto, deretter fontina, deretter et dryss hvitløk. Legg resten av brødet på toppen og trykk godt sammen.

c) Legg smørbrødene forsiktig i den varme salviesmørblandingen; du må kanskje gjøre dem i flere omganger eller bruke 2 panner. Vekt meden tung stekepanne på toppenå presse smørbrødene ned. Kok til den er lett sprø på utsiden og osten begynner å smelte. Vend og brun på den andre siden.

d) Server smørbrød varme og sprø, kuttet i diagonale halvdeler. Kast enten salviebladene eller napp dem opp, sprø og brune.

33. Cubanos

Gjør: 4

INGREDIENSER:
- 4 (6-tommers) helteruller
- ¼ kopp (½ pinne) usaltet smør, ved romtemperatur
- 4 ts dijonsennep
- ¼ kopp majones (kjøpt i butikken eller hjemmelaget)
- ½ pund tynne skiver sveitserost
- 1 kopp drenert Pour-Over pickles eller tynne skiver dill pickles
- ½ pund tynne skiver rester av stekt svinekjøtt (ca. 6 skiver)
- ½ pund i tynne skiver prosciutto-cotto

a) Smør brødet. Del rullene i to horisontalt. Smør utsiden av hver halvdel med smør. Legg på en panne med skjæresiden opp.

b) Bygg sandwichen. Smør hver rullebunn med 1 ts sennep og hver rulletopp med 1 ss majones. Skjær osteskivene i to og del mellom rullebunnene. Topp med et lag med pickles, stekt svinekjøtt og skinke. Dekk med rulletoppene.

c) Stek smørbrødene. Varm en stor støpejernsgryte over middels lav til den er varm. Arbeid i grupper, om nødvendig, overfør smørbrødene forsiktig til pannen. Dekk med aluminiumsfolie og legg en stor tykk gryte på toppen.

d) Kok, trykk av og til ned på kjelen, i 4 til 5 minutter, til bunnen er gyllenbrun og sprø.

e) Vend smørbrødene og bytt ut aluminiumsfolien og den tunge kjelen.

f) Stek i 4 til 5 minutter, til den andre siden er gyllenbrun og osten er helt smeltet. Overfør til et skjærebrett og del smørbrødene i to på skrå.

g) Overfør til serveringsfat og server.

34. Fiken og prosciutto smørbrød

Gir: 2 porsjoner

INGREDIENSER:
1 brød rosmarin focaccia
3 fig. kuttes i tynne runder
1 skive prosciutto
1 håndfull vasket ruccola
Oliven olje
nykvernet sort pepper; å smake

Skjær 4 stykker focaccia i tynne skiver vertikalt. Legg lag med fiken på ett stykke focaccia. Tilsett en skive prosciutto og en håndfull ruccola.

Dryss ruccola med olivenolje. Smak til med pepper etter smak. Trykk godt på sandwich for å flate ut. Delt i to.

NETT

35. **Kiwifrukt og reker**

Gir: 4 porsjoner

INGREDIENSER:
- 3 kiwifrukter
- 3 ss olivenolje
- 1 pund reker, skrelt
- 3 ss Mel
- ¾ kopp prosciutto, kuttet i tynne strimler
- 3 sjalottløk, finhakket
- ⅓ teskje chilipulver
- ¾ kopp tørr hvitvin

BRUKSANVISNING:
a) Skrell kiwi. Ta vare på 4 skiver til pynt og hakk den resterende frukten. Varm opp olje i en tung stekepanne eller wok. Kast reker i mel og sauter, 30 sekunder.

b) Tilsett prosciutto, sjalottløk og chilipulver. Stek, ytterligere 30 sekunder. Tilsett hakket kiwi og fres i 30 sekunder. Tilsett vin og reduser til det halve.

c) Server umiddelbart.

36. Prosciutto og pesto koteletter

Gjør: 2

INGREDIENSER:
- 4 skiver prosciutto
- 4 lammekoteletter
- 2 ss basilikumpesto

BRUKSANVISNING:
a) Gjør airfryeren klar ved å forvarme den til 180ºC i 3 minutter.
b) Legg koteletter lagvis i airfryeren og stek ved 200ºC i 5 minutter.
c) Spre 4 strimler med prosciutto på en overflate og legg hver kotelett på en stripe prosciutto.
d) Smør med basilikumpesto, og surr prosciutto rundt koteletten.
e) Gå tilbake til luftfrityrkurven i 7 minutter.

37. Balsamicoglasert kylling

Gjør: 4 porsjoner

INGREDIENSER:
- 1 (3 1/2 til 4 pund) kylling
- 2 fedd hvitløk, finhakket
- 4 ss rosmarinblader i terninger
- 2 ss nykvernet sort pepper
- 1 ts havsalt
- 3 ss virgin olivenolje
- 2 gram Prosciutto skall
- 2 gram parmesanskall
- 2 moderat rødløk, segmentert i
- 1 tommers disker
- 1 glass Lombroso
- 4 ss balsamicoeddik
- 6 store Radicchio di Treviso
- 2 ss ekstra virgin olivenolje

BRUKSANVISNING:

a) Varm opp grillen til 375 grader.

b) Skyll og klapp tørr kylling. Ta ut innmaten og sett dem til side.

c) Hakk hvitløk, rosmarin, pepper og havsalt sammen og bland med virgin olivenolje. Gni utsiden av kyllingen over hele med rosmarinblandingen. Plasser skallene av prosciutto og parmesan inne i hulrommet og la stå kjølt over natten.

d) Legg løkskiver og innmat i bunnen av en liten tykkbunnet stekepanne. Legg kyllingen oppå løk med brystsiden opp. Hell et glass Lombroso over løk og gni kyllingen over hele med 4 ss balsamicoeddik.

e) Sett på grillen og stek i 1 time og 10 minutter.

f) Skjær Radicchio i to på langs og legg den på grillen og stek i 3 til 4 minutter på hver side. Ta ut fra grillen og pensle med extra virgin olivenolje og sett til side. Ta fuglen ut av grillen og la den hvile i 5 minutter. Flytt kyllingen til et utskjæringsfat. Legg løk og innmat i en tallerken, sammen med saftene. Skjær kyllingen, dryss med gjenværende eddik og server umiddelbart.

38. Basilikum Kylling

Gjør: 4

INGREDIENSER:
- 4 skinnfrie, benfrie kyllingbrysthalver
- 1/2 kopp tilberedt basilikumpesto, delt
- 4 tynne skiver prosciutto, eller mer om nødvendig

BRUKSANVISNING:
a) Dekk en bakebolle med olje og sett deretter ovnen på 400 grader før du gjør noe annet.
b) Topp hver kyllingbit med 2 ss pesto og dekk deretter hver med et stykke prosciutto.
c) Legg deretter alt i fatet.
d) Stek alt i ovnen i 30 minutter til kyllingen er helt ferdig.
e) Nyt.

39. Vaktel over grønnsaks- og skinkestrimler

INGREDIENSER:
- 4 T. vegetabilsk olje
- 1 t. finhakket fersk ingefær
- 3 vaktel, delt
- Salt og pepper
- 3-4 T. kyllingbuljong
- 1 middels zucchini, kuttet i tynne strimler
- 1 gulrot, skrapt og kuttet i tynne strimler
- 4 hele løk, kuttet i tynne strimler
- 2 store brokkolistilker, skrelles og kuttes i tynne strimler
- 2 oz. country skinke eller prosciutto, kuttet i tynne strimler

BRUKSANVISNING:
a) Varm 2 ss olje med ingefær i en stor panne eller wok.
b) Brun vaktelen på alle sider. Salt og pepre dem. Tilsett litt buljong, dekk til og damp-braiser sakte i 15 minutter.
c) Fjern vaktelen med saften og hold den varm. Gjør: 2-3.

40. Kylling og prosciutto med rosenkål

INGREDIENSER:
- 2 lbs. indrefilet av kylling
- 4 oz. prosciutto
- 12 oz. rosenkål
- 1/2 kopp kyllingbuljong
- 1 1/2 kopper tung krem
- 1 ts finhakket hvitløk
- 1 sitron, delt i kvarte og frø
- Ghee eller kokosolje til steking

BRUKSANVISNING:
a) Forvarm ovnen til 400 grader F.
b) Del rosenkålen i to og kok i 5 minutter. Fjern fra varmen og sett til side.
c) Tilsett 1/2 kopp kyllingbuljong i en stekepanne og kok opp på middels. Etter det, tilsett tykk fløte, finhakket hvitløk og sitron og la det småkoke i 5-10 minutter mens du rører ofte. Fjern fra varmen og sett til side.
d) Varm opp litt ghee i en separat stekepanne og tilsett kylling. Kok på middels høy varme i flere minutter, og tilsett deretter hakket prosciutto til kyllingen er ferdigstekt.
e) I en liten ildfast form (9×9) og legg lag fra bunn til topp: rosenkål, kylling, prosciutto, sitronkremsaus på toppen.
f) Stek i forvarmet ovn i 20 minutter. Serveres varm.

41. Deilig kjøttbrød

INGREDIENSER:
- 7 oz prosciutto, skåret i tynne skiver
- 7 oz provolone, skåret i tynne skiver
- 2 kopper babyspinat
- 1 kopp tomatsaus
- ½ kopp tomatpuré
- 1 ss eplecidereddik
- 4 ss stevia
- 1 lb. kvernet svinekjøtt
- ½ løk, hakket
- ½ kopp paprika, hakket
- 2 fedd hvitløk, finhakket
- ¼ kopp parmesanost, revet
- 2 økologiske egg
- 1 ts oregano, tørket
- 1 ts basilikum, tørket
- Salt og pepper etter smak
- 1 ss smør

BRUKSANVISNING:
a) Sett ovnen på 350 F.
b) Smelt smøret i en panne over middels brann. Ha i babyspinaten og smak til med salt og pepper. Kok til bladene visner.
c) Kombiner tomatsausen og pastaen i en bolle, sammen med eplecider og stevia. Rør og sett til side.
d) I en annen bolle kombinerer du svinekjøtt, løk, paprika, hvitløk, parmesan og urter. Bland godt.
e) Legg et bakepapir på ca 10 tommer og fordel kjøttet på toppen. Ordne prosciuttoen på toppen etterfulgt av spinat og provolone for å lage en kjøttkake. Forsegle sider.
f) Legg kjøttkaken i en brødform kledd med folie og hell tomatsausen på toppen.
g) Stek i ovnen i litt over en time eller til den indre temperaturen når 165 F.

42. Andebryst prosciutto

INGREDIENSER:
- 2 andebryst
- ½ kopp lys brunt sukker
- ¼ kopp kosher salt
- 2 ts finhakket appelsinskall
- 2 ts malt koriander
- 1 ts malt salvie
- 1 ts nykvernet sort pepper

BRUKSANVISNING:
a) Skår skinnsiden av andebrystene diagonalt ved å trekke en veldig skarp kniv over skinnet og gjennom fetthetten, slik at kuttene er omtrent ½ tomme fra hverandre.
b) Kombiner sukker, salt, appelsinskall, koriander, salvie og pepper i en liten bolle. Gni denne kuren over hele begge sider av anda, inkludert i sprekker i huden. Legg anda tilbake i fatet med skinnsiden opp. Dekk fatet godt med plastfolie og avkjøl i 4 dager.
c) Vend andebrystene og dekk fatet godt med plastfolien igjen. Avkjøl i ytterligere 3 dager.
d) På dette tidspunktet skal anda ha en mørk rød farge og føles fast over det hele, som en gjennomstekt biff. Dette betyr at kjøttet ditt er speket. Hvis det fortsatt føles veldig mykt, snu kjøttet igjen og la det stå en dag eller to til.
e) For å sikre at anda din er trygg å spise, plasser den på risten, med fettsiden opp, i den forvarmede ovnen. Varm anda i omtrent 25 minutter, eller til den når en innvendig temperatur på 160 °F (70 °C).
f) Skyll anda godt og klapp den veldig tørr. Skjær den syltynne før servering.

43. Kyllingbryst med prosciutto og salvie

Gir: 2 porsjoner

INGREDIENSER:
1 hele benfrie kyllingbryst uten skinn
Mel krydret med salt og pepper
2 ss usaltet smør
½ kopp tørr hvitvin
¾ teskje tørket salvie; smuldret opp
2 gram prosciutto; julienned
Halver kyllingbryst på langs og flat litt mellom plastfolie.

Rist kyllingen lett i krydret mel. Varm smøret over middels høy varme i en stor stekepanne til skummet avtar og sautér kyllingen i den, klappet tørr og krydret med salt og pepper etter smak, i 2 minutter på hver side, eller til den er lett brunet. Overfør kyllingen med tang til en oppvarmet tallerken og hold den varm, tildekket, i en forvarmet ovn på 250 grader.

Tilsett hvitvin og salvie i pannen, kok opp, rør og kok i 1 minutt. Tilsett kyllingen med eventuell saft som har samlet seg på tallerkenen og prosciuttoen, la blandingen småkoke under lokk i 4 til 5 minutter, eller til kyllingen er spenstig å ta på og akkurat gjennomstekt, og smak til med salt og pepper. Overfør kyllingen til 2 tallerkener og hell prosciuttosausen over.

44. Kyllingpaillard med prosciutto og fiken

Gir: 8 porsjoner

INGREDIENSER:
- 6 ss hvit eddik
- 3 ss fersk rosmarin, finhakket
- 1 ts rød pepperflak
- 2 ss fersk sitronsaft
- 1 hel sitron, kuttet i runder
- 1 ts salt
- ¼ ts nykvernet sort pepper
- ¼ kopp olivenolje
- 8 Helbenet og flådd
- Kyllingbrysthalvdeler, banket 1/4 tomme tykke
- 16 Hele fiken
- 1 pund landbrød, skåret i skiver
- 8 skiver prosciutto

Kombiner vin, hakket rosmarin, pepperflak, sitronsaft, salt, pepper og olje.

Hell i en stor, grunn ikke-reaktiv skål. Tilsett kyllingbryst, sitronskiver og 3 rosmarinkvister til marinade. Dekk til, avkjøl i 3 timer eller opptil over natten, snu kyllingen av og til.

Pensle grillen med olje. Varm grillen til middels varm. Rett før tilberedning av kylling, oljegrill igjen. Grill kylling til saften blir klar, 3 til 5 minutter per side; sette til side. Grill hele fiken på den kaldeste delen av grillen til de er myke og varme, 3 til 6 minutter.

Grill brødet til det er brunt på begge sider. Pakk prosciutto løst rundt hvert kyllingbryst. Anrett på et fat. Pynt med rosmarin og server med fikenbalsamicosaus, fiken og brød.

45. Basilikum og prosciutto-innpakket kveite

Gir: 2 porsjoner

INGREDIENSER:
- 6 blader basilikum
- 2 skiver prosciutto
- 2 (4 unse) fileter kveite
- ½ ts adobo krydder
- 1 ss olivenolje

BRUKSANVISNING:
a) Forvarm ovnen til 400 grader F (200 grader C).
b) Legg 3 basilikumblader på hver skive prosciutto. Krydre kveitefiletene med Adobo-krydder, legg dem på den ene siden av de tilberedte skivene av prosciutto, og pakk inn fiskefiletene med prosciutto og basilikum.
c) Sett en ovnssikker panne på middels høy varme. Når pannen er varm, hell i olivenolje og legg de innpakket kveitefiletene i pannen.

d) Stek filetene til prosciuttoen er gyllenbrun, ca 4 minutter. Snu filetene og flytt pannen inn i den forvarmede ovnen. Stek til fisken er stiv og gjennomstekt, ca 5 minutter.

46. Herbed geitost og prosciutto reker

Gir: 4 porsjoner

INGREDIENSER:
12 ss geitost
1 ts hakket fersk persille
1 ts hakket fersk estragon
1 ts Hakket fersk kjørvel
1 ts hakket fersk oregano
2 ts finhakket hvitløk
Salt og pepper
12 store reker, skrellet, tail-on og Sommerfugl
12 tynne skiver prosciutto
2 ss olivenolje
Drypp av hvit trøffel
Olje

Bland ost, urter og hvitløk i en miksebolle. Krydre blandingen med salt og pepper. Krydre rekene med salt og pepper. Trykk en spiseskje av fyllet i hulrommet på hver reke. Pakk hver reke godt inn med ett stykke prosciutto. Varm olivenoljen i en sautépanne. Når oljen er varm, tilsett de fylte rekene og stek i 2 til 3 minutter på hver side, eller til rekene blir rosa og halene krøller seg inn mot kroppen. Ta ut av pannen og legg på en stor tallerken. Drypp rekene med trøffelolje.

Pynt med persille.

47. Sautert såle med mangold og prosciutto

Gir: 1 porsjoner

INGREDIENSER:
2 bunter Chard
2 ss virgin olivenolje
4 fileter såle, bein og hud fjernet
¼ kopp krydret mel
2 gram Prosciutto di San Daniele, tynne skiver, skåret i julien
Skal av 2 appelsiner, pluss
Saft av 1 appelsin
1 klype kanel
2 gram Extra virgin olivenolje
½ rødløk i skiver, tynne papir

Rens to bunter rød chard (bladene fjernes for annen bruk). Trim stilkene på den kuttede enden til 6 tommer lange.

Kok opp en liter vann og sett opp et isbad. Kok stilkene i 3 til 4 minutter i kokende vann til de er møre og sjokk i isvann. Fjern og tøm. Skjær i ¼-tommers julienne og legg i bollen. I en 8-tommers non-stick panne, varm virgin olivenolje til det ryker. Drys tungefileter i krydret mel og legg i panne. Stek på den ene siden til den er gyldenbrun, omtrent to minutter. Snu og stek i 30 sekunder til på den andre siden. Fjern til varm tallerken.

Tilsett mangoldstilkene i pannen og smak til med salt og pepper. Tilsett prosciutto, appelsinskall, kanel, olivenolje og rødløk og bland til belegg, ca. 30 sekunder. Dryss med en spiseskje appelsinjuice og bland igjen. Smak til med salt og pepper og del på fire tallerkener. Legg én filet av såle på hver tallerken og server.

PASTA

48. Lasagne av vill og eksotisk sopp

Gir: 9 porsjoner

INGREDIENSER:
- 2 ss olivenolje
- 1 stor løk; hakket
- 2-unse prosciutto di parma; finhakket
- 2 ss hakket sjalottløk
- 2 ss hakket hvitløk
- ½ kopp finhakket persille
- 1 pund assortert vill og eksotisk sopp
- 2 ss hakket basilikum
- 1 ss hakket fersk oregano
- ⅔ kopp tørr hvitvin
- 1½ pund hermetiske knuste tomater; til 2 pund
- 2 kopper fersk ricottaost
- 1 egg
- 2 kopper revet Parmigiano-Reggiano ost
- ½ kopp revet mozzarellaost
- 1 salt; å smake
- 1 nykvernet sort pepper
- 1 punds ferske pastaplater kuttet i lasagner; turer, blanchert,
- ½ kopp tung krem
- ¼ kopp melk
- 8 tørkede basilikumblader

BRUKSANVISNING:

a) Forvarm ovnen til 350 grader. Olje lett en 13 x 9-tommers rektangulær bakebolle. Varm opp olivenolje i en stor sautépanne.

b) Når oljen er varm, fres løken og prosciuttoen i ca 4 minutter eller til løken er visnet og litt karamellisert.

c) Rør inn ½ kopp persille, sjalottløk og sopp. Stek i 10 minutter eller til soppen er gyllenbrun. Smak til med salt og pepper.

d) Rør inn hvitløk, basilikum og oregano. Sil av soppblandingen og behold væsken. Ha væsken tilbake i pannen og reduser til væsken danner en glasur, ca. 5 minutter. Skrape sidene av og til for å løsne eventuelle partikler.

e) Tilsett vinen og følg samme prosess. Tilsett tomatene og fortsett å koke i 10 minutter.

f) Smak til med salt og pepper. Tilsett soppblandingen i sausen.

g) Kombiner Ricotta-osten, egget, gjenværende persille, ½ kopp revet Parmigiano-Reggiano-ost og Mozzarella-ost i en miksebolle.

h) Smak til med salt og pepper. For å sette sammen, skje en liten mengde av sausen på bunnen av bakebollen. Dryss over parmesanost. Legg et lag av pastaen oppå sausen. Fordel osten over pastaen.

i) Bland kremen med eventuell resterende ost.

j) Smak til med salt og pepper. Hell over toppen av lasagnen. Dekk til lasagnen. Stek i 30 minutter tildekket og 10 til 15 minutter uten lokk, eller til lasagnen er gyllenbrun og stivnet.

k) Ta lasagnen ut av ovnen og la den hvile i 10 minutter før du skjærer den i skiver. Legg en del av lasagnen i midten av platen.

l) Pynt med revet ost og stekte basilikumblader.

49. Basilikum og prosciutto-innpakket kveite

Gir: 2 porsjoner

INGREDIENSER:
- 6 blader basilikum
- 2 skiver prosciutto
- 2 (4 unse) fileter kveite
- ½ ts adobo krydder
- 1 ss olivenolje

BRUKSANVISNING:
e) Forvarm ovnen til 400 grader F (200 grader C).
f) Legg 3 basilikumblader på hver skive prosciutto. Krydre kveitefiletene med Adobo-krydder, legg dem på den ene siden av de tilberedte skivene av prosciutto, og pakk inn fiskefiletene med prosciutto og basilikum.
g) Sett en ovnssikker panne på middels høy varme. Når pannen er varm, hell i olivenolje og legg de innpakket kveitefiletene i pannen.
h) Stek filetene til prosciuttoen er gyllenbrun, ca 4 minutter. Snu filetene og flytt pannen inn i den forvarmede ovnen. Stek til fisken er stiv og gjennomstekt, ca 5 minutter.

50. Kylling Alfredo Lasagne

INGREDIENSER:

- 4 gram tynne skiver pancetta, kuttet i strimler
- 3 gram tynne skiver prosciutto eller deli skinke, kuttet i strimler
- 3 kopper strimlet rotisserie kylling
- 5 ss usaltet smør, i terninger
- 1/4 kopp universalmel
- 4 kopper helmelk
- 2 kopper strimlet Asiago ost, delt
- 2 ss hakket fersk persille, delt
- 1/4 ts grovkvernet pepper
- Klyp malt muskatnøtt
- 9 lasagnenudler som ikke skal tilberedes
- 1-1/2 kopper revet delvis skummet mozzarellaost
- 1-1/2 kopper revet parmesanost

BRUKSANVISNING:

a) I en stor panne, kok pancetta og prosciutto på middels varme til de er brune. Tørk av på tørkepapir. Overfør til en stor bolle; tilsett kylling og bland for å kombinere.

b) For saus, i en stor kjele, smelt smør over middels varme. Rør inn mel til det er glatt; pisk inn melk gradvis. Kok opp under konstant omrøring; kok og rør i 1-2 minutter eller til det er tykt. Fjern fra varme; rør inn 1/2 kopp Asiago ost, 1 ss persille, pepper og muskatnøtt.

c) Forvarm ovnen til 375°. Fordel 1/2 kopp saus i en smurt 13x9-in. kakeform. Legg lagvis med en tredjedel av hvert av følgende: nudler, saus, kjøttblanding, Asiago, mozzarella og parmesanoster. Gjenta lag to ganger.

d) Stek, dekket, 30 minutter. avdekke; stek 15 minutter lenger eller til den er boblende. Dryss over resterende persille. La stå 10 minutter før servering.

51. Penne med vodka saus

Gjør: 4

INGREDIENSER:
- 16 oz. penne pasta
- 1 ss olivenolje
- 1 løk i terninger
- 3 hakkede hvitløksfedd
- ¼ lb. hakket prosciutto
- 28 oz. hermetiske knuste tomater
- 1 kopp tomatsaus
- ½ kopp vodka
- 1 kopp tung krem
- 1 kopp parmesanost
- ½ kopp hakkede friske basilikumblader
- ¼ ts timian
- 1 ss hakket persille
- Salt etter smak
- 1 ts sukker

BRUKSANVISNING:
a) Kok pastaen i en kjele med saltet vann i 10 minutter. Avløp.
b) Varm oljen i en stor panne eller en annen gryte.
c) Surr løk, hvitløk, prosciutto i 2 minutter.
d) Tilsett knuste tomater og tomatsaus.
e) Rør og la det småkoke i 5 minutter.
f) Tilsett vodka og fløte og la det småkoke i 20 minutter.
g) Smak til med basilikum, timian, persille, salt og sukker.
h) Smak til og juster krydder.
i) Rør inn den kokte pastaen og parmesanosten og la det småkoke i 5 minutter.

52. Sitronbasilikumpasta med rosenkål

Gjør: 8

INGREDIENSER:

- 1 (1-kilos) boks med langskåret pasta, for eksempel bucatini eller fettuccine
- 4 gram tynne skiver prosciutto, revet
- 3 ss ekstra virgin olivenolje
- 1 pund rosenkål, halvert eller delt i kvarte hvis den er stor
- Kosher salt og nykvernet pepper
- 2 ss balsamicoeddik
- 1 jalapeñopepper, frøsådd og hakket
- 1 ss friske timianblader
- 1 kopp sitronbasilikumpesto
- 4 unser geitost, smuldret
- ⅓ kopp revet Manchego ost
- Skal og saft av 1 sitron

BRUKSANVISNING:
a) Forvarm ovnen til 375°F.
b) Kok opp en stor kjele med saltet vann på høy varme. Tilsett pastaen og kok i henhold til anvisningen på pakken til den er al dente. Reserver 1 kopp av pastakokevannet, og tøm deretter.
c) I mellomtiden legger du prosciuttoen i et jevnt lag på en bakepapirkledd stekeplate. Stek til de er sprø, 8 til 10 minutter.
d) Mens pastaen koker og prosciuttoen bakes, varm olivenolje i en stor panne på middels varme. Når oljen skimrer, tilsett rosenkålen og kok, rør av og til, til den er gyldenbrun, 8 til 10 minutter. Smak til med salt og pepper. Reduser varmen til middels lav og tilsett eddik, jalapeño og timian og kok til spirene er glaserte, 1 til 2 minutter til.
e) Fjern gryten fra varmen og tilsett avrent pasta, pesto, geitost, Manchego, sitronskall og sitronsaft. Tilsett ca. ¼ kopp av pastakokevannet og rør for å lage en saus.
f) Tilsett 1 ss mer om gangen til ønsket konsistens er nådd. Smak til og tilsett mer salt og pepper etter behov.
g) Fordel pastaen jevnt mellom åtte boller eller tallerkener og topp hver med sprø prosciutto.

53. Fettuccine al prosciutto

Gir: 4 porsjoner

INGREDIENSER:
- 6 gram prosciutto
- 4 gram smør
- 2 ss Finhakket løk
- Salt
- Nykvernet sort pepper
- 1 pund fersk fettuccine
- ⅔ kopp nyrevet parmesan

a) SPAR FETT OG MAGRE deler av prosciutto. Hakk fett grovt; kutt mager i ½-tommers firkanter.
b) Smelt smør i en panne.
c) Tilsett løk og prosciutto-fett og fres i 5 minutter.
d) La dem renne av i et dørslag, men ikke for grundig: la dem være litt fuktige.
e) Overfør fettuccine til en oppvarmet serveringsbolle. Bland med hele innholdet i sauterpannen. Tilsett revet ost og mer nykvernet pepper, og bland igjen. Strø reservert prosciutto på toppen og server med en gang.

54. Fettucine pinjekjerner prosciutto og soltørkede tomater

Gir: 2 porsjoner

INGREDIENSER:
6 gram fettucine; fersk
2 ss olivenolje
½ ts hvitløk; hakket
1 ss pinjekjerner
1 skive prosciutto; julienned
2 soltørkede tomater; hakket
½ kopp kyllingkraft
6 basilikumblader; julienned
1 ss barbert parmesanost
Salt og pepper
1 ts smør
½ ts ingefær; hakket

I en stor gryte med kokende, saltet vann, kok fettucine til den er mør, 1½ minutt, tøm av og sett til side.

Varm opp en stekepanne til den er veldig varm og tilsett olivenolje. Tilsett hvitløk, pinjekjerner, prosciutto og soltørkede tomater. Stek til pinjekjernene er gylne. Tilsett kyllingkraft, basilikum og parmesan, kok opp og reduser væsken med ½. Tilsett nudler og bland godt. Smak til med salt og pepper. Tilsett smør og ingefær og bland igjen. Server umiddelbart.

55. **Fettuccine med prosciutto og asparges**

Gir: 4 porsjoner

INGREDIENSER:
½ pund asparges, i 1 tommers biter.
2 ss smør
½ kopp løk, finhakket
4 gram prosciutto
1 ss smør
1 ss Mel
½ kopp krem
1 pund fettuccine
½ kopp parmesanost nyrevet
Nykvernet pepper

Kok aspargesen møre; avløp. Reduser kokevannet til ½ kopp. Smelt smøret i en panne på middels varme. Tilsett løken og stek til den dufter. Rør inn prosciuttoen og fres. Lag en roux av mel og smør; tilsett reservert aspargesvann og fløte. Visp og varm opp til sausen tykner. Tilsett asparges og prosciutto og rør inn. I mellomtiden koker du pastaen. Når pastaen er kokt al dente, tøm den av og bland den med sausen, tilsett revet ost. Server og tilsett nykvernet pepper etter smak.

56. Fusilli med prosciutto og erter

Gir: 1 porsjoner

INGREDIENSER:
2 ss olivenolje
2 ss smør
1 finhakket gulrot
1 finhakket selleristilk
1 finhakket liten løk
6 tynne skiver prosciutto - hakket
½ kopp hvitvin
2 12 oz. inneholder anstrengte tomater; (merke Pomi)
1 kopp erter
1 pund Kokt fusilli pasta

BRUKSANVISNING:
Varm opp olivenolje, smør i en stor gryte. Tilsett finhakket gulrot, selleri og løk. Sauter kort til de er møre. Tilsett prosciutto, hvitvin og silte tomater. Kok i ca 30 minutter på lav varme for å kombinere smaker. Avslutt med ertene og rør for å kombinere. Kast den varme pastaen med sausen. Pynt med fersk basilikum og parmesanost.

57. Fusilli med shiitake, brokkoli rabe og prosciutto saus

Gir: 4 porsjoner

INGREDIENSER:
- 1 pund Fusilli pasta
- 1 pund brokkoli rabe; trimmet, og kuttet i 1 tommers biter

TIL SAUSEN
- ½ kopp olivenolje
- ½ kopp finhakket sjalottløk
- 1 fedd hvitløk; hakket
- 6 gram Shiitake-sopp - (til 8 oz); trimmet, kuttet
- 6 gram prosciutto eller lignende spekeskinke -(til 8 oz); kutte små terninger, eller strimler
- ½ ts Tørkede varme røde pepperflak (til 1 ts.); eller etter smak
- ⅓ kopp kyllingkraft eller buljong
- 2 ss Finhakket fersk persille
- 2 ss Finhakket fersk gressløk
- 2 ss fersk estragon

GARNITYR
- nyrevet parmesanost; (valgfri)

Soltørkede tomater; (valgfri)

a) Lag først sausen. Varm opp olje i en panne. Tilsett sjalottløk og kok under omrøring i 1 minutt.

b) Tilsett så sopp og kok, rør av og til i 5 minutter, eller til soppen er lett gylden.

c) Rør nå inn hvitløk, prosciutto og røde pepperflak og stek i 30 minutter, og tilsett deretter kyllingkraft eller buljong og la det småkoke i 1 minutt.

d) Til pastaen din, kok opp en stor kjele med vann.

e) Når vannet er klart, tilsett pastaen. Husk å starte koketiden når vannet koker opp igjen, ikke når du tilsetter pastaen.

f) Kok pastaen din i henhold til pakkens anvisninger, etter 6 minutters koking, tilsett brokkolirabe til kokepastaen.

g) Tøm pasta og brokkoli rabe i et dørslag og ha over i et serveringsfat. Topp med saus, bland godt. Pynt om ønskelig.

58. Pappardelle med prosciutto og erter

Gir: 1 porsjoner

INGREDIENSER:
¼ kopp Hakket prosciutto
1 kopp erter
1 kopp Tung krem
1 kopp halv og halv
⅓ kopp revet Asiago ost
1 pund lasagnenudler

BRUKSANVISNING:
Varm opp en stor sauté panne til den er varm. Tilsett hakket prosciutto og kok i cirka tre minutter til den er mør, men ikke sprø. Tilsett ertene og rør for å kombinere. Hell i den tunge fløten og halvparten. Tilsett Asiago-osten og reduser varmen til lav. La sausen småkoke i fem minutter, rør ofte slik at osten smelter og fløten tykner litt. Smak til med pepper. For å lage pappardelle, ta lasagnenudlene og skjær dem i lange strimler som er omtrent 1 cm brede. Slipp strimlene i saltet kokende vann og kok til de er møre. For å servere, sleng den kokte pastaen med ostesausen.

59. Pasta med basilikum og prosciutto

Gir: 4 porsjoner

INGREDIENSER:
1 pund Pasta; Penne
1 ss olivenolje
1 fedd hvitløk; Hakket
⅓ pounds prosciutto; Hakket
1 unse friske basilikumblader
4 ss Nonfat Yoghurt; Drenert
Salt; Å smake
nykvernet pepper; Å smake
Kok opp en stor kjele med lettsaltet vann og kok penne til al dente.

Mens pastaen koker, varmer du opp olivenolje i en panne og steker hvitløken kort til den begynner å bli brun. Tilsett den hakkede prosciuttoen og stek i to eller tre minutter til den også så vidt begynner å bli brun. Fjern kjelen fra varmen.

Tøm den kokte pastaen i et dørslag og hell den tilbake i kasserollen.

Chiffonade basilikum og tilsett pastaen sammen med prosciutto og hvitløk.

Krydre rikelig med salt og pepper og bland pastaen for å blande ingrediensene. Hell yoghurten inn i den varme pastaen og rør til den er lett belagt. Overfør til en oppvarmet tallerken og server.

60. Pastaruller fylt med prosciutto

Gir: 15 porsjoner

INGREDIENSER:
- 3 kopper universalmel
- 3 egg
- 3 pund fersk spinat, skylt og oppstilt
- 3 kopper Ricotta ost
- 3 egg
- 1½ ss Frisk revet muskatnøtt
- 1½ kopp revet parmesanost
- Salt og nykvernet pepper
- ½ kopp pluss 1 t vann
- 1½ ss olivenolje
- 24 Papirtynne skiver prosciutto
- 18 gram mozzarellaost, i tynne skiver
- Oliven olje
- Soltørket tomatvinaigrette

Til pasta: Ha mel i en stor bolle. Bland egg, vann og olje; tilsett melet og bland godt. Elt på melet overflate til glatt og elastisk, ca 10 minutter. Dekk til og la hvile i 15 minutter.

Til fylling: Plasser spinat i en stor gryte på middels varme.

Dekk til og kok til den er visnet, rør av og til. Avløp. Klem tørt. Hakk spinat. Bland ricotta, egg og muskat i en stor bolle. Rør inn spinat og parmesan. Smak til med salt og pepper.

Skjær av ⅓ av deigen. Kjevle ut på lett melet overflate så tynt som mulig. Trim til 18x11-tommers rektangel. Spred med ⅓ spinatblanding, og la ½-tommers kant på alle sider. Dekk fyllet med 8 prosciutto-skiver, deretter ⅓ mozzarella. Brett 1 tomme av hver langside over fyllet. Børst kantene på korte ender med vann. Start på 1 kortende, rull pasta opp gelérull mote. Pakk inn osteduk og surr med hyssing for å holde formen. Gjenta med gjenværende deig og fyll.

Kok opp 2 tommer vann i en stor stekepanne på toppen av komfyren. Legg til pastaruller. Reduser varmen, dekk til og la det småkoke i 35 minutter.

Bruk 2 slikkepotter, fjern rullene og avkjøl. Fjern forsiktig hyssing og osteduk. Pakk godt inn og avkjøl over natten.

Skjær pastaruller i ½ tomme tykke skiver. Ordne på fat. Pensle med olivenolje. Server i romtemperatur med soltørket tomatvinaigrette.

61. Festpasta med prosciutto

Gir: 6 porsjoner

INGREDIENSER:
1 pakke (12 unse) spinatfettuccine
½ kopp smør; delt
2 kopper tynne prosciutto-strimler; (omtrent 1/3 pund)
5½ kopp kremfløte
1 boks (14 unse) artisjokkhjerter; drenert og delt i to
½ kopp Hakket fersk eller frossen gressløk

Kok pasta i henhold til pakkens anvisninger; avløp. Smelt ¼ kopp smør i en nederlandsk ovn over middels varme. Legg til prosciutto; sauter til brunet. Avløp.
Sette til side.
Smelt gjenværende ¼ kopp smør i nederlandsk ovn over middels varme. Tilsett kokt pasta, kremfløte, artisjokkhjerter og ¼ kopp gressløk; kast forsiktig.
Overfør til serveringsfat; dryss på prosciutto og resterende gressløk.
Server umiddelbart.

62. Tortellini med erter og prosciutto

Gir: 4 porsjoner

INGREDIENSER:
15 gram Tortellini; ost
1½ kopp kremfløte
1 x muskatnøtt; nyrevet klype
6 ss parmesan; nyrevet
¾ kopp erter; frossen liten tint
1½ unse prosciutto; fett trimmet kutt
1 x Salt og nykvernet pepper

Kok tortellini i en stor gryte med kokende saltet vann til den knapt er mør, rør av og til for å unngå å sette seg fast. Tøm grundig.

I mellomtiden, kok opp fløte i en stor gryte. Reduser varmen.

Tilsett muskatnøtt og la det småkoke til det tykner litt, ca 8 minutter.

Ha tortellini tilbake i kjelen. Tilsett varm fløte, parmesan, erter og prosciutto. La det småkoke på lav varme til tortellinien er mør og sausen tykner, rør av og til, ca. 4 minutter. Smak til med salt og pepper. Fordel mellom fire varme boller og server.

SALATER OG SIDER

63. Melon prosciutto salat

INGREDIENSER:
- 1/2 moden cantaloupe
- 1/2 moden honningdugg
- 8 gram prosciutto

a) Frø og skrell melonene, og skjær dem i 1-tommers biter (eller bruk en melonbailer).
b) Hakk prosciuttoen, bland alt sammen og server.

64. Ruccolasalat og østerssopp

Gjør: 4 – 6

INGREDIENSER:
- 3 ss ekstra virgin olivenolje
- ½ pund østerssopp, tykke skiver
- Salt og nykvernet pepper
- 2 ss balsamicoeddik
- ½ ts finrevet sitronskall
- 2 indre selleri ribber, kuttet i fyrstikker, pluss julienerte bladselleri, til pynt
- 5 kopper baby ruccola
- 3 gram Pecorino Romano eller annen skarp ost, barbert med en grønnsaksskreller
- 3 gram tynne skiver prosciutto di Parma

BRUKSANVISNING:
a) Varm opp 1 ss olivenolje i en stor stekepanne. Tilsett soppen og smak til med salt og pepper.
b) Kok over moderat høy varme, rør av og til, til de er møre og lett brune, ca. 6 minutter. Ha soppen over i en bolle og la den avkjøles.
c) I en stor bolle, visp eddik med sitronskall og de resterende 2 ss olivenolje. Smak til med salt og pepper. Tilsett selleri-fyrstikkene, ruccola og sopp og bland forsiktig.
d) Overfør salaten til et stort fat eller en bolle, topp med Pecorino Romano, prosciutto og bladselleri. Server med en gang.

65. **Fiken-, skinke- og nektarinsalat i vinsirup**

Gjør: 1 porsjon

INGREDIENSER:
- ½ kopp tørr hvitvin
- ½ kopp vann
- ¼ kopp sukker
- 2 halvlitere Friske grønne og/eller lilla fiken; stammet
- 2 store fastmodne nektariner
- ¼-pund) skinke eller prosciutto, kuttet i strimler
- Myntekvister og/eller friske drueblader til pynt

BRUKSANVISNING:
a) I en liten kjele, kok opp vin og vann med sukker til sukkeret er oppløst, ca. 3 minutter, og fjern kjelen fra varmen. Avkjøl vinsirupen litt og avkjøl. Vinsirup kan lages 1 uke i forveien og avkjøles, tildekket.
b) Halver fiken og skjær nektariner i tynne skiver. I en bolle, sleng frukt forsiktig med skinke eller prosciutto og halvparten av vinsirupen.
c) Anrett salaten på et fat og hell den resterende vinsirupen over. Pynt salaten med mynte og/eller drueblader.

66. Ristede grønne bønner med prosciutto

Gjør: 2

INGREDIENSER:
- 4 skiver prosciutto
- ¼ pund grønne bønner, ender trimmet
- 1 liten gul løk i skiver
- 1 ss rapsolje

BRUKSANVISNING:
a) Forvarm Digital Air Fryer-ovnen til 350 °F i noen minutter.
b) I en ninja-ovnskurv og legg prosciutto og BAK den i 5 minutter ved 390 °F.
c) Ta en bolle og bland de resterende ingrediensene.
d) Ta ut prosciuttoen fra ovnen.
e) Legg grønnsakene i en ovnskurv, og Air Fry dem i 15 minutter til.
f) Smuldre prosciuttoen og dryss den på toppen av ristede grønne bønner.
g) Nyt.

67. Asparges innpakket prosciutto

Gjør: 6

INGREDIENSER:
- 18 asparges, trimmet
- 6 skiver prosciutto, skåret i lange tynne strimler

BRUKSANVISNING:
a) Rull hver prosciutto-strimmel rundt aspargesspydet.
b) Plasser i luftfrityrkurven og stek ved 180ºC i 7 minutter.

68. Antipasto salat

INGREDIENSER:
- 1 stort hode eller 2 romaine hjerter hakket
- 4 gram prosciutto kuttet i strimler
- 4 gram salami eller pepperoni i terninger
- ½ kopp artisjokkhjerter i skiver
- ½ kopp oliven blanding av svart og grønt
- ½ kopp varm eller søt paprika syltet eller stekt
- Italiensk dressing etter smak

BRUKSANVISNING:
a) Bland alle ingrediensene i en stor salatskål.
b) Bland med italiensk dressing.

69. Antipasto snackboks for to

INGREDIENSER:
- 2 gram tynne skiver prosciutto
- 2 gram salami i terninger
- 1 unse goudaost, tynt skåret
- 1 unse parmesanost, i tynne skiver
- ¼ kopp mandler
- 2 ss grønne oliven
- 2 ss sorte oliven

BRUKSANVISNING:
a) Plasser prosciutto, salami, oster, mandler og oliven i en måltidsbeholder
b) Dekk til og avkjøl i opptil 4 dager.

70. Fiken og prosciutto salat

Gjør: 2

INGREDIENSER:
- 1 dusin ferske California fiken
- 4 unser skivet prosciutto
- 4 gram Manchego ost
- 2 håndfuller vill ruccola rakett
- 1/4 kopp marinerte oliven
- 1 ss fikenbalsamicoeddik, eller annen balsamico av god kvalitet
- 1 ss olivenolje
- salt og pepper etter smak

BRUKSANVISNING:
a) Vask, stilk og kvart fikenene. Jevn plass på et stort brett eller brett.
b) Riv hver skive prosciutto i to og legg på brettet med fikenene.
c) Bruk en grønnsaksskreller, barber Manchego-osten i tynne skiver og fiken og ost. Topp med oliven og ruccola.
d) Prøv å være kunstferdig med plasseringen av hvert element. Dette slengsalat og skal se uformelt elegant ut. Drypp toppen av sal balsamicoeddik og olje. Dryss over salt og pepper etter smak og server um

71. Grapefrukt, avokado og prosciutto frokostsalat

INGREDIENSER:
- 1 liten rubinrød grapefrukt
- 2 kopper hakket skinnfritt, beinfritt rotisserie kyllingbryst
- ¾ teskje mørk sesamolje
- ⅛ teskje nykvernet sort pepper
- Dash av kosher salt
- 1 kopp mikrogrønt, baby ruccola eller revet salat
- ½ moden skrelt avokado, i tynne skiver
- ¾ kopp ferske ananasbiter
- 1/2 kopp hakket Granny Smith-eple
- ¼ kopp gulrøtter
- 1/4 kopp Edamame
- 1 veldig tynn skive prosciutto
- rester av hummus
- 3 ss hakkede ristede hasselnøtter
- multi-frø kjeks

BRUKSANVISNING:
a) Skrell grapefrukt; skjær deler fra grapefrukt over en middels b(membraner for å trekke ut ca 1 ss juice.
b) Sett seksjoner til side. Tilsett olje, pepper og salt til juice, rør med en vi greener; kaste til belegg.
c) Ordne greener på en tallerken; topp med grapefruktdeler, avokad(edamame, gulrøtter og prosciutto.
d) Server med hummus, hasselnøtter og flerfrøkjeks.

72. Stekt søtpotet og prosciutto salat

Gjør: 8

INGREDIENSER:
- Honning 1 teskje
- Sitronsaft 1 ss
- Grønn løk (delt og i skiver) 2
- Søt rød pepper (finhakket) 1/4 kopp
- Pecannøtter (hakkede og ristede) 1/3 kopp
- Reddiker (skiver) 1/2 kopp
- Prosciutto (tynne skiver og skåret i julien) 1/2 kopp
- Pepper 1/8 ts
- 1/2 ts salt (delt)
- 4 ss olivenolje (delt)
- 3 søtpoteter, medium (skrelles og kuttes i 1-tommers)

Forvarm ovnen til 400 grader F. Legg søtpotetene i en smurt ildfast

Drypp 2 ss olje og dryss 1/4 ts salt og pepper og sleng dem skikkelig. Stek i e
halvtime, og fortsatt med jevne mellomrom.
Dryss litt prosciutto over søtpotetene og stek den i 10 til 15 minutter til søt
er møre og prosciuttoen er blitt sprø.
Ha blandingen over i en stor bolle og la den avkjøles litt.
Tilsett halvparten av den grønne løken, rød pepper, pekannøtter og reddike
liten bolle, visp saltet, den resterende oljen, honning og sitronsaft til det er
blandet.
Drypp det over salaten; sleng skikkelig for å kombinere. Dryss med de reste
grønne løkene.

73. Grillet biff prosciutto salat

Gjør: 1 porsjon

INGREDIENSER:
- ½ kopp olivenolje
- 3 fedd hvitløk; grove terninger
- 4 kvister rosmarin
- 8 unser; okse indrefilet
- Salt og nykvernet sort pepper
- 2 sitroner; grillet
- 1 ss sjalottløk i grove terninger
- 1 ss Frisk rosmarin i grove terninger
- 3 fedd grillet hvitløk
- ½ kopp olivenolje
- Salt og nykvernet pepper
- 8 kopper romainesalat i terninger
- Grillet sitrongrillet hvitløksvinaigrette
- 8 segmenter Prosciutto; julienned
- 12 løkløk; grillet og i terninger
- 2 røde tomater; terninger
- 2 gule tomater; terninger
- 1½ kopp smuldret gorgonzola
- Grillet indrefilet av okse; terninger
- 4 hardkokte egg; skrelles og kuttes
- 2 Haas avokado; skrelt, pitted
- Hakket gressløk
- 8 fedd grillet hvitløk
- 2 pinner usaltet smør; myknet
- Salt og nykvernet pepper
- 16 segmenter italiensk brød; Segmentert 1/4-tommers
- ¼ kopp finhakket persille
- ¼ kopp finhakket oregano

BRUKSANVISNING:

a) Bland olje, hvitløk og rosmarin i en liten grunne ildfast form. Tilsett biff og bland til belegg. Dekk til og avkjøl i minst 2 timer eller over natten. La stå i romtemperatur i 30 minutter før grilling

b) Varm opp grillen. Ta ut biff fra saltlake, smak til med salt og pepper og grill i 4 til 5 minutter på hver side for moderat sjeldne stekemåter.

74. Artisjokkhjerter og prosciutto

Gir: 1 porsjoner

INGREDIENSER:
14 gram Kan artisjokkhjerter, drenert
⅓ pounds Prosciutto, skivet papir i tynne skiver
¼ kopp olivenolje
½ ts tørket timian
½ ts Finrevet appelsinskall
Nykvernet pepper

a) Pakk hvert artisjokkhjerte inn i en skive prosciutto og fest med en tannpirker.
b) I en egen bolle, visp sammen olivenolje, timian, appelsinskall og pepper.
c) Server ved romtemperatur.

75. Fennikel med sopp og prosciutto

Gir: 8 porsjoner

INGREDIENSER:
- 8 hoder fennikel
- 1¼ c kyllingbuljong
- ¾ c hvitvin, litt søt
- 1 lb oppskåret sopp
- 2 oz prosciutto, tynne skiver: og hakket

a) Klipp av fennikelstilker og fjæraktige greener. Reserver fjæraktige greener, finhakk nok av dem til å lage ¼ kopp. (Hvis du gjør på forhånd, kjøl ned 2 ss av de hakkede grønnsakene, samt de resterende fjærkledde kvistene som du kan bruke til å pynte på tallerkenen når den serveres.) Reserver fennikelstilker for bruk i supper eller kraft.

b) Trim eventuelle brune flekker fra pærer; ordne i et enkelt lag i en 5- til 6-liters panne. Hell buljong og vin over dem; dekk til og kok opp over høy varme, og la det småkoke til fennikelen er veldig mør når den er gjennomhullet, 35 til 45 minutter.

c) Sett til side til det er kjølig nok til å håndtere: behold matlagingsvæsken.

d) Mens fennikel koker, kombiner sopp, prosciutto og 2 ss hakket fennikelgrønt i en 8- til 10-tommers nonstick-stekepanne.

e) Dekk til og kok over middels høy varme til sopp utstråler juice, ca. 7 minutter.

f) Avdekke og kok, rør ofte, til væsken fordamper og sopp er brunet, ca. 15 minutter; sette til side.

g) Med en liten kniv og en skarpkantet skje, øs ut den indre delen av fennikeløkene slik at du har et ¼-tommers tykt skall, og holder skallet intakt.

h) Hell soppblandingen likt i pærene. Plasser pærene i en bakebolle som er stor nok til å holde dem i et enkelt lag. Hell reservert kokevæske over dem.

i) Bake fylte fennikelløker, dekket, i en 375F/190C ovn i 15 minutter; avdekke og fortsett å bake til det er varmt, ca. 10 minutter til (20 minutter hvis laget på forhånd og avkjølt).

j) Overfør pærer til et serveringsfat; dryss lett over resten av hakket fennikelgrønt, og pynt fatet med fennikelkvister.

76. Mango og prosciutto

Gir: 50 porsjoner

INGREDIENSER:
- ½ pounds Tynne skiver prosciutto
- 5 fastmodne mangoer, skrelles og kuttes i 1 tommers biter
- Limebåter som tilbehør

Del hver prosciutto-skive i kvarte og pakk hver fjerdedel rundt et stykke mango, fest den med en trehakk. Anrett hors d'oeuvres på et avkjølt fat og server dem med limebåter.

77. Boconcini med grillet zucchinisalat og prosciutto

Gir: 1 porsjoner

INGREDIENSER:
- 1 pund Bocconcini; små kuler av mozzarella
- 3 ss ekstra virgin olivenolje; pluss 3 ss
- 1 ss Hakkede friske timianblader
- 1 ss hakkede friske oreganoblader
- ¼ ts knuste røde chiliflak
- Salt og pepper etter smak
- 2 medium Zucchini, ca. 1 pund, skåret på langs
- Skal av 1 sitron
- 1 haug med gressløk, endene fjernet
- 2 medium plommetomater, kuttet i 1/4-tommers terninger
- 2 ss rødvinseddik
- 1 haug italiensk persille, finhakket til
- ¼ pund prosciutto, skåret papir i tynne skiver av slakter

Tøm bocconcinien for væsken den kom i. Ha squash, 3 ss extra virgin olivenolje, timian, oregano, knuste røde chiliflak i en miksebolle og salt og pepper. Sett av minst 1 time.

Legg zucchiniskiver på grillen og stek til de er møre, men ikke helt myke. Fjern fra grillen og legg i en middels bolle. Tilsett sitronskall, hel gressløk, plommetomatbiter, eddik og hakket persille. Kast forsiktig for å belegge zucchini og del mellom 4 tallerkener. Legg 3 bocconcini på toppen av hver haug med zucchini og sett til side. Stable all prosciutto rett oppå hverandre og skjær over skiven i fyrstikkjulienne. Dryss over mozzarella og zucchini og server umiddelbart.

PIZZA

78. Proscuitto og ruccola pizza

INGREDIENSER:

- 1 pund pizzadeig, ved romtemperatur, delt
- 2 ss olivenolje
- 1/2 kopp tomatsaus
- 1 1/2 kopper revet mozzarellaost (6 gram)
- 8 tynne skiver prosciutto
- Noen store håndfuller ruccola

BRUKSANVISNING:

a) Har du en pizzastein legger du den på en rist midt i ovnen. Varm ovnen til 550°F (eller maksimal ovnstemperatur) i minst 30 minutter.

b) Hvis du overfører pizzaen til en stein i ovnen, sett sammen på et godt melet skall eller skjærebrett. Monter ellers på overflaten du skal lage mat på (bakepapir, bakepapir osv.). Arbeid med ett stykke deig om gangen, rull eller strekk det til en 10- til 12-tommers sirkel.

c) Pensle kantene på deigen med 1 ss olivenolje. Fordel halvparten av tomatsausen over resten av deigen.

d) Dryss over ca 1/4 av osten. Legg 4 prosciutto-skiver slik at de dekker deigen jevnt. Dryss over ytterligere 1/4 av osten.

e) Stek pizzaen til kantene er lett brunet og osten er boblende og brunet i flekker, ca. 6 minutter ved 550°F.

f) Fjern fra ovnen til et skjærebrett, strø halvparten av ruccolaen over toppen, skjær og server umiddelbart.

g) Gjenta med resten av deigen og toppingene.

79. Four Seasons Pizza/Quattro Stagioni

Gjør: 1 stor pizza

INGREDIENSER:
- 1 oppskrift på tradisjonell italiensk basisdeig
- Mozzarella, 6 gram, i skiver
- Prosciutto, 3 gram, i skiver
- Shiitake-sopp, en kopp, i skiver
- Oliven, ½ kopp, i skiver
- Pizzasaus, en halv kopp
- Kverte artisjokkhjerter, en kopp
- Revet Parmigiana, 2 gram

BRUKSANVISNING:
a) Form deigen til en 14-tommers diameter sirkel. Gjør dette ved å holde i kantene og forsiktig rotere og strekke deigen.
b) Prikk deigen med pizzasaus.
c) Fordel mozzarellaskivene jevnt på toppen.
d) Senere artisjokkhjerter, prosciutto, sopp og oliven i fire fjerdedeler av pizzaen.
e) Strø revet Parmigiana på toppen.
f) Grill/Stek i 18 minutter.

80. Pizza i New Orleans-stil

Gjør: 1 stor pizza

INGREDIENSER:
- 1 pizzabunn
- Hvitløk, 2 fedd, hakket
- Utstenede svarte oliven, 8
- Revet parmesanost, 2 gram
- Utstenede grønne oliven, 8
- Skiver prosciutto, 4 gram
- Løk, 2 ss, hakket
- Tørket oregano, en halv teskje
- Finhakket fersk basilikum, 6 blader
- Salami, 2 gram, i skiver
- Mozzarellaost, to unser
- Hakket selleri, 2 ss
- Frisk persille, en spiseskje, hakket
- Olivenolje, 2 ss
- Salt og knust sort pepper
- Olivenolje, en spiseskje
- Hvitløkspulver, ½ ts
- Provolone ost, to unser
- Skiver mortadella, to unser

BRUKSANVISNING:

a) Bland alle ingrediensene, bortsett fra osten.

b) Topp pizzaen med blandingen.

c) Stek i ca 5 minutter ved 500 grader F.

d) Legg ost på toppen og stek i ca 5 minutter. Skjær i skiver og server.

81. Artisjokk & Prosciutto Pita Pizza

Gir: 4 pizzaer

INGREDIENSER:
- Hakkede artisjokkhjerter
- Rødløk, i skiver
- Revet mozzarellaost, en kopp
- Frisk basilikum, til pynt
- Prosciutto
- Stekt rød peppersaus, en kopp
- Parmesanost, en halv kopp, revet
- Stekt rød paprika

BRUKSANVISNING:
a) Forvarm ovnen til 450 grader Fahrenheit.
b) Pensle hver pita lett med olivenolje på begge sider.
c) Påfør rød peppersaus og strimlet mozzarella på toppen av hver pita.
d) Topp med salt, parmesan og mer finhakket pålegg.
e) Stek i 5 minutter, og server pyntet med fersk basilikum.

a) **Prosciutto og Ruccola Pizza**

Gjør: 1 stor pizza

INGREDIENSER:
- 1 oppskrift på tradisjonell italiensk basisdeig
- Prosciutto, 2 unser
- Pizzasaus, en kvart kopp
- Balsamicoeddik, en spiseskje
- Mozzarella, 3 gram, i skiver
- Ruccolablader, en halv kopp

BRUKSANVISNING:
a) Form deigen til en 14-tommers diameter sirkel. Gjør dette ved å holde i kantene og forsiktig rotere og strekke deigen.
b) Fordel pizzasausen jevnt over deigen.
c) Still opp mozzarellaskivene jevnt over pizzaen.
d) Dekk pizzaen med ruccolabladene og avslutt med prosciutto-strimlene.
e) Grill/bak i 15 minutter.
f) Avkjøl, og drypp deretter med balsamicoeddik før du skjærer i skiver.

82. **Høst butternut squash og eplepizza**

Gjør: 4

INGREDIENSER:

- 1 ss ekstra virgin olivenolje, pluss mer for smøring
- 2 sjalottløk, i tynne skiver
- ½ pund ikke-elt brød og pizzadeig
- 2 ss eplesmør
- 1 Honeycrisp eple, i tynne skiver
- 1 kopp revet mozzarellaost
- ½ kopp revet skarp cheddarost
- ½ liten butternut squash, skåret i bånd med en grønnsaksskreller
- 8 friske salvieblader
- 3 gram tynne skiver prosciutto, revet
- Kosher salt og nykvernet pepper
- Knust rød pepperflak
- 2 gram blåmuggost, smuldret (valgfritt)
- Honning, til duskregn
- Friske timianblader, til servering

BRUKSANVISNING:

a) Forvarm ovnen til 450°F. Smør en bakeplate.

b) Varm opp 1 ss olivenolje i en middels stekepanne over høy varme. Når oljen skimrer, tilsett sjalottløken og kok til den dufter, 2 til 3 minutter. Fjern gryten fra varmen.

c) På en lett melet arbeidsflate ruller du ut deigen til en ¼-tommers tykkelse. Overfør deigen forsiktig til den tilberedte bakeplaten.

d) Fordel eplesmøret over deigen, og etterlater en 1-tommers kant. Tilsett den sauterte sjalottløken og epleskivene.

e) Legg på mozzarella og cheddar lagvis, topp med butternut squash, salvie og prosciutto. Krydre pizzaen med en klype salt, pepper og røde pepperflak, og strø blåmuggosten (hvis du bruker) på toppen.

f) Stek til skorpen er gyllen og osten har smeltet, 10 til 15 minutter. Drypp med honning og dryss over timian til slutt. Skjær i skiver og server.

83. Micro Leaves Pesto & Ruccola Pizza

Gjør: 6

INGREDIENSER:
- 1 pizzadeig
- 6 ss mikro-ruccola og sitronpesto
- 1 kopp mozzarella
- 1 kopp cherrytomater
- 4 gram prosciutto
- 1 kopp sitron mikrogrønt
- Svart pepper

BRUKSANVISNING:
a) Vend deigen ut på et godt melet underlag.
b) Dryss litt mel over og del i 2 biter.
c) Rull til 2 kuler og strekk deretter deigen.
d) Mel fingrene, og form deretter deigen til sirkulære former.
e) Tilsett mikro-arugula og sitronpesto, litt fersk mozzarella, noen skiver friske cherrytomater, prosciutto og frisk pepper, hvis du ønsker det.
f) Stek pizzaen i en forvarmet ovn på høyeste temperatur, ca 500 °F i 10-15 minutter til pålegget ser stekt og stekt ut og skorpen er gylden.

84. Urtegrillet pizza med prosciutto

Gir: 4 porsjoner

INGREDIENSER:
- ¼ kopp hakket fersk persille
- 2 ss hakket fersk oregano
- 1 pund pizzadeig
- Maismel
- 2 ss olivenolje
- 2½ kopp revet Fontina-ost (1/2 pund)
- ⅔ kopp tomatsaus
- ¼ kopp hakket fersk basilikum
- 6 Tynne skiver prosciutto eller skinke, grovhakket

På lett melet overflate, elt persille og oregano til deigen til den er jevnt fordelt. Skjær i to og form til kuler; dekk til og la hvile i 15 minutter. Rull ut hver ball tynt for å gjøre 12 tommer rund.

Legg hver pizzarunde på maismel-støvet pizzapanne; pensle med litt av oljen. Strø ost jevnt over toppen; skje med tomatsaus over ost. Drypp med gjenværende olje.

Sett i 500øF ovn eller på dekket, smurt grill over middels høy varme; kok i ca 12 minutter eller til skorpen er sprø og osten er smeltet og boblende. Strø basilikum og prosciutto over toppen.

85. Fiken-og-prosciutto-pizza

Gir: 1 porsjoner

INGREDIENSER:
- 2 runder Fiken Pizzadeig
- Maismel; for sprinkling
- 2 ts olivenolje
- ½ ts finhakket hvitløk
- 2 klyper grovt salt
- 2 klyper nykvernet sort pepper
- 1 ts hakkede friske rosmarinblader
- ½ kopp fiken syltetøy;
- 4 gram Gorgonzola ost; smuldret opp i
- Biter på størrelse med erter
- 3 gram Tynne skiver prosciutto
- 1 Scallion; tynne skiver på langs

En time før steking setter du en bakestein i ovnen, og varm opp til 500 grader.

Kjevle ut én pizzadeig så tynt som mulig. Legg den på et pizzaskall drysset med maismel. Dekk overflaten med 1 ts olje, ¼ ts hakket hvitløk, 1 klype salt og pepper, og ½ ts hakket rosmarin. Sørg for å la en utildekket, 1-tommers bred ytre leppe hele veien rundt. Fordel ¼ kopp fikensyltetøy og 2 gram Gorgonzola-ost jevnt på pizzaen. Topp med halvparten av prosciuttoen.

Rist åren lett, og skyv pizzaen over på bakesteinen. Stek til de er brune, ca 6 til 7 minutter. Ha over på en fast overflate og skjær i skiver. Server umiddelbart, pyntet med halvparten av oppskåret løkløk.

Gjenta med gjenværende deig.

86. **Tunfiskpizza med caponata og prosciutto**

Gir: 4 porsjoner

INGREDIENSER:
1 12-tommers italiensk brødskall til pizza
1 ts olivenolje
1 boks (7 1/2 oz.) caponata
1 boks (6 oz.) hvit tunfisk; drenert og kuttet
8 skiver (1 oz.) prosciutto
2 plommetomater; kuttet 1/4, opptil 3
1 kopp smuldret fetaost
1 kopp revet mozzarellaost
Knust rød pepper

1. Legg brødskallet på foliekledd bakeplate; børste til kant med olje.
2. Spred caponata til innenfor 1 tomme fra kanten.
3. Topp med tunfisk, prosciutto, tomater, feta og mozzarellaost.
4. Stek i en 450 grader F ovn i 10 til 12 minutter eller til ostene er smeltet og pizzaen er gjennomvarmet. Avkjøl 1 minutt før skjæring. Server med knust rød pepper, om ønskelig.

87. Prosciutto-tomat pizza

Gir: 12 porsjoner

INGREDIENSER:
- 1 boks tomatsaus; (8 unser)
- 1 ts italiensk krydder
- 1 fedd hvitløk; finhakket
- 3 kopper revet mozzarella eller fontina ost; (12 unser)
- 1 liten løk; i tynne skiver og delt i ringer
- ¼ kopp revet parmesanost
- 2 ss Hakket fersk el
- 2 ts tørkede basilikumblader
- ½ pund prosciutto
- 2 store plommetomater

SKORPE
- 1 pakke Aktiv tørrgjær
- 1 kopp varmt vann; (105 til 115f)
- 2½ kopp universalmel
- 2 ss olivenolje eller vegetabilsk olje
- 1 ts sukker
- 1 ts salt

Sett ovnsristen i laveste posisjon. Smør 2 kakeplater eller 12-tommers pizzapanner. Forvarm ovnen til 425F. Forbered skorpe. Bland tomatsaus, italiensk krydder og hvitløk. Skjær prosciutto eller ferdig kokt røkt skinke i julienne strimler (2 X ¼ X ⅛ tomme). Del deigen i to. Klapp hver halvdel inn i 11-tommers sirkel på kakeark med melede fingre. Topp med tomatsausblanding, løk og Fontina-ost. Dryss over basilikum, prosciutto og plommetomater (grovhakkede). Topp med parmesanost.

Stek en pizza om gangen i 15 til 20 minutter eller til skorpen er gyldenbrun.

DESSERT

88. **Smøraktige croissantlag med prosciutto**

Gjør: 8

INGREDIENSER:
- 3 ss saltet smør, i tynne skiver, pluss mer til smøring
- 6 croissanter, grovt revet i tredjedeler
- 8 store egg
- 3 kopper helmelk
- 1 ss dijonsennep
- 1 ss hakket fersk salvie
- ¼ ts nyrevet muskatnøtt
- Kosher salt og nykvernet pepper
- 12 gram frossen spinat, tint og presset tørr
- 1½ kopper revet Gouda ost
- 1½ kopper revet Gruyère-ost
- 3 gram tynne skiver prosciutto, revet

BRUKSANVISNING:
a) Forvarm ovnen til 350°F. Smør en 9 × 13-tommers ildfast form.
b) Plasser croissantene i bunnen av bakebollen og dekk dem med smør i skiver. Stek til de er lett ristet, 5 til 8 minutter. Fjern og la avkjøles i pannen til den ikke lenger er varm å ta på, ca 10 minutter.
c) I en middels bolle, visp sammen egg, melk, sennep, salvie, muskatnøtt og en klype salt og pepper. Rør inn spinaten og ¾ kopp av hver ost. Hell blandingen forsiktig over de ristede croissantene, fordel den jevnt. Topp med resten av osten og tilsett prosciutto til slutt. Dekk til og avkjøl i minst 30 minutter eller over natten.
d) Når du er klar til å bake, fjern lagene fra kjøleskapet og forvarm ovnen til 350 °F.
e) Stek til midten av lagene er stivnet, ca 45 minutter. Hvis croissantene begynner å bli brune før lagene er ferdig stekt, dekk dem med folie og fortsett å bake.
f) Ta lagene ut av ovnen og la avkjøle i 5 minutter før servering.

89. Balsamicofersken og brieterte

Gjør: 6

INGREDIENSER:

- 1 ark frossen butterdeig, tint
- ⅓ kopp sitronbasilikumpesto
- 1 (8-unse) hjul Brieost, skall på og skåret i skiver
- 2 modne fersken, i tynne skiver
- Ekstra virgin olivenolje
- Kosher salt og nykvernet pepper
- 3 gram tynne skiver prosciutto, revet
- ¼ kopp balsamicoeddik
- 2 til 3 ss honning
- Friske basilikumblader, til servering

BRUKSANVISNING:

90. Forvarm ovnen til 425°F. Kle en bakeplate med rander med bakepapir.
91. Rull forsiktig butterdeigen ut på en ren arbeidsflate til en 1/8-tommers tykkelse og overfør den til den tilberedte bakeplaten. Prikk deigen over det hele med en gaffel, fordel deretter pestoen jevnt over deigen, og etterlater en ½-tommers kant. Anrett Brie og fersken på toppen av pestoen og drypp lett med olivenolje. Smak til med salt og pepper og topp med prosciutto. Dryss kantene på deigen med pepper.
92. Stek til deigen er gylden og prosciuttoen er sprø, 25 til 30 minutter.
93. I mellomtiden, i en liten bolle, visp sammen eddik og honning.
94. Ta terten ut av ovnen, topp med basilikumblader og drypp med honningblandingen. Skjær i biter og server varm.

64. Carnivore kake

Gjør: 6

INGREDIENSER:
Braunschweiger
- ¼ pund svinekjøtt eller bifftunge, kuttet i terninger
- 10 gram svine- eller okselever, kuttet i terninger
- 2 hardkokte egg, skrelt
- 6 gram svinekjøtt, kuttet i terninger
- 1 ½ ts rosa havsalt

Til topping
- 6 skiver prosciutto eller Carpaccio
- 6 skiver bacon

BRUKSANVISNING:
a) Lag denne retten 1 til 2 dager før du spiser.
b) Tilsett svinelever, skulder og fettterninger i en foodprosessor og bearbeid godt.
c) Hell det i en springform. Dekk pannen med folie slik at vann ikke kommer inn i pannen. Pass på at den er godt pakket inn.
d) Ta en stekepanne, større enn springformen og hell en tomme med kokende vann i bunnen av pannen.
e) Legg springformen i stekepannen.
f) Sett stekepannen sammen med springformen i ovnen i ca 2 timer. Pass på at ovnen er forvarmet til 300 ° F før du setter stekepannen i ovnen.
g) Ta springformen ut av ovnen. Lag 2 brønner i pannen, store nok til at et egg får plass i. Legg et kokt egg i hver brønn. Dekk eggene med en skje kjøtt.
h) Avkjøl og sett i kjøleskapet i 1-2 dager.
i) Legg prosciutto og baconskiver på toppen. Tjene.

95. Løk og prosciutto terte

Gir: 8 porsjoner

INGREDIENSER:
- ½ pund butterdeig
- 4 store løk; hakket
- 3 gram prosciutto; terninger
- ½ ts timian
- ½ ts rosmarin
- 2 ss olivenolje
- 12 store svarte oliven i olje; pitted
- Nykvernet sort pepper
- Salt om nødvendig
- 1 egg

Stek løk i olje med urter til løken er gjennomsiktig. Tilsett prosciutto og kok i 3 minutter. Smak til med pepper og sjekk salt. Slapp av. Kjevle ut deigen til et rektangel 11" ganger 9. Kutt 4 strimler av deig for å lage kantene og trykk dem på kantene av rektangelet. Overfør til kakepapir og tråkk kantene med sammenvispet egg. Avkjøl ½ time. Forvarm ovnen til 425 grader. Fordel løkblandingen på tilberedt deig, stek i 30 minutter Reduser varmen til 300 grader, dekorer terten med skivede oliven og fortsett å steke i ytterligere 15 minutter.

96. Prosciutto oliven tomatbrød

Gir: 1 porsjoner

INGREDIENSER:
- 1 lb brød, 1 1/2 lb brød
- 1 kopp vann
- 2 ss vegetabilsk olje
- ⅓ kopp moden tomat
- ⅓ kopp oliven, pitted Alfonse eller andre vinherdede oliven
- ⅓ kopp prosciutto, strimlet
- 2 ts sukker
- ½ ts salvie
- 1 ts salt
- ⅓ kopp rugmel
- 1½ kopp fullkornshvetemel
- 1½ kopp brødmel
- 1½ ts gjær

Stek i henhold til produsentens instruksjoner.

97. Prosciutto-oransje popovers

Gir: 6 porsjoner

INGREDIENSER:
- 1 kopp mel
- ¼ teskje salt
- 1 kopp melk
- 2 egg; lett slått
- 1 ss smeltet margarin
- 2 skiver prosciutto; trimmet for ekstra fett; finhakket
- 1 stor appelsin; fint revet skall av

a) Sett pannen i ovnen og forvarm til 450 grader. Ta kjelen ut av ovnen så snart den er varm.

b) Rør sammen mel og salt. Visp inn melk, egg og smeltet margarin til blandingen er jevn. Ikke overbeat. Rør inn prosciutto og appelsinskall.

c) Hell røren i den varme pannen og stek i forvarmet ovn i 15 minutter. Skru varmen til 350 grader og fortsett å steke i 15-20 minutter, til de er oppblåst og brunet. Åpne aldri ovnsdøren i løpet av steketiden, da popovers vil tømmes.

d) Ta ut av ovnen og kjør en kniv rundt hver popover.

e) Ta ut av pannen og stikk hull i hver med en kniv.

98. Kandisert prosciutto

INGREDIENSER:

- 3 kopper sukker
- 1 1/2 kopper Prosciutto di Parma skiver, hakket

BRUKSANVISNING:

a) Smelt sukker sakte i en middels stor kjele, tilsett prosciutto og bland i 3 minutter.

b) Fordel blandingen over en panne med voks eller bakepapir på.

c) La avkjøles og brytes fra hverandre for å smuldre.

99. Mozzarella og prosciutto potetkake

Gjør: 6

INGREDIENSER:
- Mozzarella og prosciutto potetkake
- 1/2 kopp (35 g) ferske brødsmuler
- 900 gram poteter, skrelt
- 1/2 kopp (125 ml) varm melk
- 60 gram smør, kuttet i terninger
- 2/3 kopp (50 g) revet parmesan
- 2 egg
- 1 eggeplomme
- 1 kopp (100 g) revet mozzarella
- 100 gram prosciutto, i terninger
- babyrakett, til servering

BRUKSANVISNING:
a) Forvarm ovnen til veldig varm, 200°C (180°C varmluft).
b) Smør en springform på 20 cm med smør; dryss bunnen med en tredjedel av brødsmulene.
c) Kok poteter i en kjele med kokende saltet vann i 15 minutter til de er møre. Avløp; tilbake til pannen i 1 minutt, til den er tørr.
d) Mos potetene, tilsett melk og halvparten av smøret. Rør inn parmesan, egg og eggeplomme; årstid.
e) Spre forberedt panne med halvparten av potetblandingen. Dekk med mozzarella og prosciutto; topp med resterende potetblanding. Prikk med resterende smør; dryss over resterende brødsmuler.
f) Stek i 30 minutter, til de er gyldne og varme; stå kaken i 10 minutter. Skjær i skiver og server med rucola.

100. Grønn ert Panna Cotta med prosciutto

Gir: 8-10 porsjoner

INGREDIENSER
GRØN ERTER PANNA COTTA:
- Kokespray av raps eller annen nøytral olje
- 1 ss. agar agar flak
- 1 liten stangselleri, kuttet i biter
- 2" kvist fersk rosmarin
- 1 laurbærblad
- 1/2 ts. hele sorte pepperkorn
- 1/4 ts. hele allehåndebær
- 2 kvister flatbladig italiensk persille
- Bordsalt, etter smak
- 2 kopper grønne erter
- 1/4 c. kremfløte
- 2 ss brieost
- Cayennepepper, etter smak
- Pepper, etter smak
- Mikrogrønt eller sellerigrønt, til pynt

PROSCIUTTO CHIPS:
- 4 tynne skiver Prosciutto de Parma

GRØN ERTER PANNA COTTA:

a) Forvarm ovnen til 400º F med en rist i midten. Kle en bakeplate med rander med folie. Belegg koppene i en 12-kopps mini muffinsform lett med matlagingsspray, og sett til side.

b) Kombiner 1-3/4 kopper vann, agar-agar, selleri, rosmarin, laurbærblad, pepperkorn, allehåndebær, persille og 1/4 ts bordsalt i en liten kjele. La det småkoke over høy varme, skrap bunnen av pannen av og til, og reduser deretter varmen til lav. Fortsett å skrape bunnen av pannen av og til, ettersom agar-agaren liker å sette seg, til den ser ut til å være oppløst, ca. 6-8 minutter.

c) Tilsett erter i en blender og puré. Sil agar-agarbuljongen gjennom en finmasket sil inn i blenderen. Tilsett tung krem, brie, en klype eller to kajennepepper og ekstra vann for å få volumet like over 2 kopper.

d) Blend til det er glatt, skrap ned sidene av blenderen etter behov. Smak til og juster krydder med salt, hvit pepper og ekstra cayenne hvis ønskelig, bland kort for å bli helt innlemmet. Fordel blandingen jevnt mellom de 12 tilberedte muffinskoppene.

e) Bank på pannen flere ganger for å sette seg og bidra til å fjerne eventuelle luftbobler som kan ha dannet seg. Sett til side i omtrent en time for agar agar å stivne.

f) Ved servering kjører du en tynn kniv rundt kanten av panna cottaen, og stikker deretter ut hver.

PROSCIUTTO CHIPS:

g) Forvarm ovnen til 250 ° F.

h) Bruk en 1-tommers rund kutter, skjær sirkler av prosciuttoen. Legg på en panne med bakepapir og stek i 10–15 minutter til den er sprø. Reserver til garnityr.

MONTERING:

i) Legg pannacottaen på et brett.

j) Legg en prosciutto-skive på aiolien.

k) Pynt med mikrogrønt eller sellerigrønt.

KONKLUSJON

Vi håper at denne kokeboken har inspirert deg til å prøve nye og kreative måter å bruke prosciutto i matlagingen. Enten du underholder gjester, mater familien din eller bare hengir deg til din kjærlighet til italiensk mat, vil disse oppskriftene garantert glede smaksløkene dine og la deg føle deg fornøyd. Ikke vær redd for å eksperimentere med forskjellige smaker, ingredienser og matlagingsteknikker - det er det fine med å lage mat med prosciutto! Og med 100 oppskrifter å velge mellom, vil du aldri gå tom for deilige ideer. Takk for at du ble med oss på denne kulinariske reisen, og vi ønsker deg god matlaging!

www.ingramcontent.com/pod-product-compliance
Lightning Source LLC
Chambersburg PA
CBHW071422080526
44587CB00014B/1720